专业发展视角下
高校教师教学的理性思考

唐大光　著

吉林科学技术出版社

图书在版编目(CIP)数据

专业发展视角下高校教师教学的理性思考 / 唐大光著. --长春：吉林科学技术出版社，2019.8

ISBN 978-7-5578-5847-6

Ⅰ. ①专… Ⅱ. ①唐… Ⅲ. ①高等学校－课堂教学－教学研究 Ⅳ. ①G642.421

中国版本图书馆 CIP 数据核字(2019)第 167316 号

ZHUANYE FAZHAN SHIJIAO XIA GAOXIAO JIAOSHI JIAOXUE DE LIXING SIKAO

专业发展视角下高校教师教学的理性思考

著　唐大光
出 版 人　李　梁
责任编辑　李思言
封面设计　崔　蕾
制　　版　北京亚吉飞数码科技有限公司
开　　本　710mm×1000mm　1/16
字　　数　211 千字
印　　张　16.25
印　　数　1—5 000 册
版　　次　2020 年 3 月第 1 版
印　　次　2020 年 3 月第 1 次印刷

出　　版　吉林科学技术出版社
发　　行　吉林科学技术出版社
地　　址　长春市人民大街 4646 号
邮　　编　130021
发行部传真/电话　0431－85635176　85651759　85635177
85651628　85652585
储运部电话　0431－86059116
编辑部电话　0431－85635186
网　　址　www.jlsycbs.net
印　　刷　北京亚吉飞数码科技有限公司

书　　号　ISBN 978-7-5578-5847-6
定　　价　70.00 元

前　言

教师是一个国家教育发展的脊梁。一个国家的教师质量从根本上决定着教育的质量,进而决定着人才的质量、国家的未来。所以,关注教师的发展是教育乃至国家发展必须要做的事情。自国际劳工组织和联合国教科文组织于 1966 年提出《关于教师地位的建议》以来,教师职业的专门知识和特别技术问题就一直受到世界各国的广泛关注,教师专业发展的理念由此产生并流行起来。当前,教师专业发展已是教育改革的一个重点,提高教师专业化水平更是世界各国教育的共同目标。

高校承担着人才培养、科学研究和社会服务三大重要任务。而完成这三大任务的主体是高校教师,因而社会对高校教师的各个方面都有着很高的要求。对于高校教师来说,要促进其专业发展,首先要注重的就是教学技能的培养。多年来,已有不少学者对教师教学技能进行过相应的研究,不过这一主题是动态常新的,不同的时代也有不同的内容。因此,为了适应新时代教师发展的新理念,在理论与实践上为高校教师教学提供更具有参考意义和指导价值的成果,以便真正促进高校教师的成长与发展,作者撰写了《专业发展视角下高校教师教学的理性思考》一书。

本书内容共分为八章。第一章作为全书的开篇,首先对高校教师专业发展的相关理论与研究现状进行了一定的论述,内容包括高校教师专业发展问题的提出与现状、高校教师专业发展的理论基础、研究方法与原则、主要取向、影响因素与途径。接下来的第二章到第八章,主要基于教师专业发展下的几个重要内容进行较为详细的探讨,具体包括高校教师的教学口语技能与训练技巧、教学设计、备课能力、说课能力、结课能力、教学方法、课堂教学管理、教学艺术和反思性教学。对这些内容的理性思考与探索，非常有助于指导高校教师真正提高自己的教学能力，进而促进自身的专业发展。

本书内容充实，论述严谨，逻辑清晰，语言流畅，是一本集理论探索与实践操作于一体的专著。作者在充分吸收前人优秀研究成果的基础上，既梳理了有关高校教师教学的一些基本知识与理论，也从新的视角探讨了高校教师教学能力培养。概括来说，本书主要具有以下两个鲜明特点。

第一，实践性。教师的学习、探究、反思是教师专业成长的核心问题，本书注重理论知识与实践经验的结合，通过展示各教学技能的一些具体操作要点与运用方法，帮助教师主动构建新的知识与理念，同时为教师提供一些切实的实践指导。

第二，亮点突出。本书除了在第一章先明确教师专业发展的相关内容来展示本书理念，还在第七章专门探讨了教学艺术的内容，在最后一章探讨了反思性教学，这两个方面的内容都属于较高境界的教学能力，它们饱含了教师的教学智慧和经验积累，是教师专业发展中非常值得关注的点。

在撰写本书的过程中，作者为了内容的充实与严谨，引用和参考了国内外大量的文献与科研成果，也接受了不少专家学者的指导与建议，在此表示衷心的感谢！由于时间较为仓促，加之其他一些原因，本书不可避免地会存在一些纰漏，恳请广大读者、专家学者不吝赐教，以便本书日后进一步修改与完善。

作　者

2019 年 3 月

目 录

第一章　高校教师的专业发展

随着高等教育的日益大众化和普及化，各国对高等教育教学质量的关注直接体现为对高校教师质量的关注。在此影响下，西方教育界形成了高校教师专业发展思潮，并出现了正式的教师专业发展机构，以推进高校教师的专业发展。自20世纪80年代以来，高校教师专业发展思潮被引入我国，并在高校教师教育改革中发挥了重要作用。

第一节　高校教师专业发展问题的提出与现状分析

高校教师专业发展就是"以高校教师专业自觉意识为动力，以高校教师教育为主要辅助途径，实现高校教师的专业知能素质和信念系统不断完善、提升的动态发展过程"①。对于高校教师而言，积极实现专业化发展，不仅能促进自我实现，还能有效完成高校的教育目标，增强高等教育的品质，最终培养出更多的优秀人才。本节将详细阐述高校教师专业发展问题是如何提出的，并深入分析高校教师专业发展的现状。

一、高校教师专业发展问题的提出

在第二次世界大战后，随着科技、经济的迅速发展，世界各国

① 张宁．高校教师专业发展论[M]．长春：吉林大学出版社，2012：3.

的高等教育也呈现出快速发展之势，规模不断扩大。与此同时，高等教育质量的提升也日益受到人们的关注。各个国家在发展高等教育时都注重增加高校教师的数量，并对高校教师的质量提出了越来越高的要求。此外，随着高等教育改革的不断深入，人们普遍认识到影响高等教育改革成败的一个关键因素是高校教师的质量。于是，“提高教师专业地位”“促进教师专业发展”的呼声越来越成为时代强音。具体到我国来说，高校教师专业发展问题被提出的原因主要有以下几个。

（一）高等教育大众化对高校教师的教育教学提出了新要求

高等教育大众化要求高等教育系统内部必须改变教育观念、扩大教育功能、形成多样化的培养目标和教育模式、明确与教育发展实际相符合的教学方式与方法等，而这一切的实现都离不开高校教师。因此，在高等教育大众化进程中，人们对高校教师的专业化提出了新的要求，同样也给高校教师的专业发展带来新的课题。

我国高等教育自20世纪90年代末以来，呈现出快速的大众化发展趋势。而我国要想更好、更快地推进高等教育的大众化发展，必须高度重视高校教师的质量。于是，高校教师的专业化发展问题开始受到越来越多的关注。

（二）高校教师发展的终极目标

实现教师的自我存在价值，满足自我不断发展的内在需要，是高校教师发展的终极目标。同时，这也是促进高校教师发展的源动力。

高校教师要想实现其发展的终极目标，必须不断丰富自己的专业化知识，提高自己的专业化技能。也就是说，高校教师必须注重自身的专业化发展。因此，高校教师发展的终极目标也是高校教师专业发展问题被提出的一个重要原因。

(三)高校教师发展的现实

在知识经济时代,高等教育被人们寄予了极大的期望。但是,快速扩大的高校规模也引发了不少的问题,如高等教育的质量问题、高校教师的数量问题、高校教师队伍的整体素质问题等。

我国在扩大高等教育规模的同时,对高校师资的需求也大大增加,而很多新教师在走上岗位前并未接受系统教育学知识培训和教学技能训练,教学效果往往不佳,严重影响了高等教育所培养的人才的质量。与此同时,这一现象也使高校新教师的自我发展和专业成长受到了阻碍。为了从根本上改变这一现象,我国高等教育领域提出了高校教师专业发展理念,以促使高校教师不断提高自己的教学技能和科研能力,为高等教育质量的提高以及合格人才的培养发挥更大的作用。

二、高校教师专业发展的现状分析

对我国当前的高校教师专业发展现状进行分析可以知道,高校教师专业发展已取得不少成绩,如高校教师的专业发展意识逐步提升、高校教师的学历普遍提高、高校教师的专业能力逐步提高等。但是,高校教师专业发展在当前还存在不少的问题,仍需在深入研究自身问题及其原因的基础上,采取有效的措施予以解决。

(一)高校教师专业发展存在的主要问题

当前高校教师专业发展存在的问题,具体来说有以下几个。

1. 不少高校教师的专业发展意识仍较为淡薄

虽然说高校教师的专业发展意识正逐步提升,但不可否认的一个事实是,不少高校教师的专业发展意识仍较为淡薄。这主要表现为不能清晰地认知职业规范、职业价值、专业发展规律等;不愿参加各种教师在职培训、进修,或者是即使参加了也是被动的;没有良好的、稳定的行动计划性等。

通常而言,专业发展意识仍较为淡薄的高校教师主要有以下几类:一是迫于社会发展形势或受到外在压力而进入教育行业的教师,他们原本并不想当教师,因而不可能以积极的热情投入到教育事业之中;二是过于看重工作中的晋级、评优等的教师,他们在进行专业学习时很容易出现急功近利、浮躁的倾向,这也严重制约了他们的专业发展;三是在认识与信念上存在偏差的教师,他们认为教师职业本身不具有明显的专业性,开展教育教学在很大程度上要依赖经验,因此教师的专业发展是顺其自然的过程。

2. 人们对高校教师内在专业结构及专业化成长规律的认识存在局限

在当前,人们对高校教师专业发展的理论进行思考、对高校教师专业发展的实践进行探索时,大多是以这样的理论假设为基础的:教师专业发展就是将优秀和骨干教师身上带有的经验性、典型性的"特征"传递给新任教师的过程。这一理论假设有两个前提:第一,优秀和骨干教师的成功做法具有普适性;第二,属于教师专业领域内的知能素质与能力系统是可以进行言说与传递的。事实上,高校教师的一部分专业素质并非是显性的,是难以进行言说与传递的,而且具有鲜明的个人性特征。

之所以会出现这种理论上的预成论假设和实践中的"目的—结果"范式不相符的现象,最根本的原因便是对高校教师内在专业结构及专业化成长规律的认识存在局限。因此,未来要想促进高校教师专业发展的有效实现,必须不断深入研究高校教师内在专业结构及专业化成长规律。

3. 高校教师专业发展计划存在明显缺陷

一些教育行政领导在制定高校教师专业发展计划时,具有很强的"目标—动力"导向,导致高校教师专业发展计划存在不少的问题。比如，注重借助于外部利益驱使高校教师参与各种专业进修和培训，硬性地、强制性地要求高校教师参与到专业发展计划之中，过于强调高校教师的晋级、评优等在其专业化发展中所占有的比重等。所有这些，都是制约高校教师专业发展的因素。

4. 促进高校教师专业发展的资源有限

随着我国社会主义市场经济的转型，社会对人才的需求量不断增大，对人才的需求结构也发生了重大改变。这在客观上要求进一步扩大教育规模，但又要确保教育质量。因此，如何使高校教师队伍的整体素质不断得到提升便成为教育领域关注的重点。我国可供利用的教育资源有限，加之有些地区教育经费投入不足，使得很多理论上可行的计划在实施时却难以取得预期成效，这在一定程度上导致高校教师专业发展行为呈现出鲜明的形式化倾向，严重制约了高校教师专业发展的顺利进行。

（二）高校教师专业发展问题产生的原因

导致高校教师专业发展问题产生的原因，具体来说有以下几个。

1. 高校教师管理模式不当

高校教师管理模式不当，是导致高校教师专业发展问题产生的一个重要原因，具体表现在以下两个方面。

第一，高校在对教师进行管理时，更为注重的是“规范化管理”，即将所有的考核管理指标进行统一的定性与定量化处理，形成了一个可以直接用软件来管理的考核体系。这虽然能够使管理的有效性和操作性大大提高，但很容易使教师成为被动的执行者。长此以往，教师进行专业发展的积极性和主动性便会大大降低。

第二，高校在对教师进行评价时，多倾向于量化评价，质性评价则比较少，这对教师的专业发展产生了较为严重的负面影响。

比如,高校往往通过教师的上课时数以及所发表的论文数量来对其进行评价,但对于授课效果、文章质量的关注则不够。很明显,这样的评价方式是无法显示出高校教师真实的专业水平的。长此以往,必然会制约一部分高校教师的专业发展积极性。

2. 高校教师的教育归因存在偏差

社会心理学认为,人们进行归因总是带有一定的倾向性,这就难免会造成一定的归因偏差。在高校教师中,教育成功与否的归因也存在不少的偏差。比如,高校教师将对成功的评价锁定为学生评教的考核分等现实性指标,对具有发展潜力而尚未有明显发展效果的动态性因素则不予以重视;高校教师将教育成功归因于不可控的外部因素,如运气,但将教育失败归因于稳定的内部因素,如自己的教学能力不高等;高校教师将教育成功归因于自身,将教育失败则归因于自身以外的方面;等等。高校教师所存在的不正确的教育归因,势必会影响其进行有效的专业发展。

3. 高校教师存在职业压力和职业倦怠

高校教师存在的职业压力和职业倦怠,也是制约其专业发展的重要因素。高校教师的职业压力和职业倦怠,主要是通过三个方面表现出来的:一是高校教师的情绪处于疲劳状态,对教育教学工作缺乏热情;二是高校教师在对待教育对象时,往往表现出麻木不仁的态度;三是高校教师的成就感较低,对自己工作价值的评价也不高。

高校教师之所以会产生职业压力和职业倦怠,主要有两方面的原因:第一,高校教师往往具有较高的自我成就期望,但由于平常要承担较大的工作负荷,因而很难达到预期的自我成就期望;第二,高校教师专业发展是否成功,需要通过更高的学历、更多的科研成果、更高的职称来表达,这本就给了高校教师很大的压力。此外,当高校教师产生了职业压力和职业倦怠后,不仅会逐渐丧失教育激情，而且会产生对工作的满意度不断降低、对学生缺乏爱心和耐心、对课程准备不充分等一系列后果。最终，这会对高校教师的专业发展产生消极影响。

第二节　高校教师专业发展的理论基础

高校教师专业发展有着深厚的理论基础，而且当前高校教师专业发展的理论研究还在继续，以求丰富和完善。对这些理论进行分析与研究，有助于人们更深入地理解高校教师专业发展，并采取有效的措施来促进高校教师专业发展的实现。具体而言，高校教师专业发展的理论基础主要有以下几个。

一、教师专业发展阶段理论

教师专业发展是一个长期的过程，需要经历一系列的发展阶段，因此教师专业发展阶段理论是高校教师专业发展的一个重要理论基础。在教师专业发展阶段理论中，比较有代表性的观点有以下几个。

（一）教师教学关注阶段论

美国学者富勒可以说是教师专业发展阶段研究的先驱者，其在他人研究基础上所提出的教师教学关注阶段论也是较早产生影响的教师专业发展阶段理论之一。富勒的教师教学关注阶段论认为，教师专业成长过程中教师关注会经历以下几个阶段。

1. 教学前关注阶段

在这一阶段，教师还未成为真正的教师，还沉浸在学生的角色中。因此，他们主要是通过想象来认识教师角色。再加上他们没有教学经验，因而仅仅关注自己，并且对所在的班级教师经常持批判甚至敌视的态度。

2. 早期生存关注阶段

在这一阶段，教师最为关注的是自我的教学胜任能力、自己如何才能在教师职业中“生存”下来、学校领导和同事对自己的评价等。因此，处于这一阶段的教师会承受着相当大的压力，并会表现出明显的焦虑感与紧张感。

3. 教学情境关注阶段

在这一阶段，教师既关注生存，也会关注教学上的种种需要或限制以及挫折。此外，教师在这一阶段也会对自己的教学表现予以较多关注，如自己对教学所需知识的掌握情况、自己的教学能力与教学技巧、如何将自己所学有效运用于教学情境之中等。

4. 关注学生阶段

虽然许多教师在早期生存关注阶段也会表达出对学生的关注，但是他们通常要在学会应付自己的生存需要后，才能对学生的需要做出反应。而在关注学生阶段，学生真正成为教师关注的核心。具体来说，教师在这一阶段，会更为关注学生的多种需要以及如何通过教学来促使学生获得更好的成绩、呈现出更好的表现。

富勒通过对教师关注阶段的研究，使人们认识到，个人成为教师的这一历程经由关注自身、关注教学任务，最后才关注到学生的学习以及自身对学生的影响，这样的发展阶段是逐渐递进的。不过，富勒的研究显然并没有囊括教师发展的方方面面，而只是从教师所关注的事物在教师不同发展阶段的更迭这一个侧面来探索教师的发展。因此，富勒的这一理论还不够完善。不过，这一理论确实为人们提供了一种描述教师专业发展的概念框架，因而具有重要的价值。

(二)教师职业生命周期论

教师职业生命周期论是以人的自然生命过程为出发点来看待教师的职业发展过程的。教师职业生命周期论的研究者有伯顿、费斯勒、休伯曼、司德菲等,其中以费斯勒和休伯曼的研究最有代表性。

1. 费斯勒的教师职业生命周期论

美国霍普金斯大学教授费斯勒在对教师的职业周期进行研究时,将其放在了个人环境和组织环境之中。也就是说,费斯勒认为教师实际经历的职业周期是教师作为发展中的人与这两个环境影响因素相互作用的结果,具体包括以下几个阶段。

(1)职前教育阶段

这一阶段的教育是为了帮助教师顺利进入教师角色,主要从两个方面进行:一是在高校内对“准”教师进行培训;二是对在职教师从事新角色或新工作进行再培训。

(2)入职阶段

这一阶段通常是在教师进入教师岗位的前几年,此时的教师刚刚走向社会,需要在学校系统对每日的例行工作进行学习。同时,这一阶段的教师会努力寻找学生、同事、督导人员的接纳,并设法在处理每日问题和事务时获得被肯定的信心。

(3)能力形成阶段

处于这一阶段的教师,会积极、努力地补充自己在教育方面的相关知识,并且会设法获得新的信息、材料、方法和策略。同时,这一阶段的教师会尝试构建具有个人特色的教学体系,并经常接收与吸收新的观念,对各种研讨会、继续进修等也会表现出极大的热情。

(4)热心和成长阶段

处于这一阶段的教师,虽然已具有较高水平的教学能力,但仍会积极地追求专业形象,发挥热爱教育的工作热忱,不断寻找新的方法来丰富其教学活动。因此，这一阶段的教师对工作抱有高度的热情，并能够在工作中获得成长与满足感。

(5)生涯挫折阶段

处于这一阶段的教师，会因某种因素而在教学方面产生挫折感，同时其对工作的满足程度会逐渐下降，甚至开始怀疑自己选择教师这份工作是否正确。这表明，这一阶段的教师已进入了职业倦怠期。

(6)稳定和停滞阶段

处于这一阶段的教师，往往以消极的心态来对待自己的工作。具体表现：他们只做分内的工作，不会主动追求教学专业的卓越与成长，而且在工作中不求有功但求无过，毫无进取心可言。

(7)生涯低落阶段

这是准备离开教育岗位，打算"交棒"的低潮时期。处于这一阶段的教师，总体而言会呈现出三种情况：一种情况是认为自己现在能够功成身退，因而倍感愉悦自由；另一种情况是被迫终止教师工作而感到不平；还有一种情况是因高度热爱教师工作，对于教师岗位感到十分不舍。

(8)生涯退出阶段

这是教师专业生命周期的最后阶段，即教师离开了教师岗位。通常来说，教师在这一阶段，或是会选择一些短期的、临时性的工作，或是会选择回归家庭、颐养天年等。

对费斯勒的教师职业生命周期论进行分析可以发现，这一理论提供了一个较为完整的纵贯教师生涯的理论架构。这是对该领域先期研究成果的发展，因为它生动地呈现了教师在整个教学生涯的发展与变化的真实画面。此外，费斯勒把研究的主体——教师置于丰富的家庭、社会和职业场景中来考察，开辟了认识教师专业发展的新视角。但这些环境背景与教师的专业观念、行为之间的联系，以何种途径对教师的专业发展产生影响等问题都没做深入研究。因此，这一理论还有待进一步丰富与完善。

2. 休伯曼的教师职业生命周期论

美国学者休伯曼的教师职业生命周期论，不仅对教师职业的发展周期做了阶段性的划分和研究，而且探索了每一阶段的发展主题，不过他并没有将发展主题强加给每一位教师，而是依照教师对发展主题的认识和理解不同，区分出不同的发展路线。休伯曼的教师职业生命周期论，具体将教师的职业生涯过程划分为以下几个时期。

(1)入职期

这一时期通常是指教师从教的前 3 年，这一时期的教师对新职业有着复杂的感情，既有初为人师的积极热情，也有面对新工作的无所适从，还有想尽快步入职业正轨、获得丰富教学知识与技能的急切希望。

(2)稳定期

处于这一时期的教师，短则从事教师职业 4 年，长则从事教师职业 6 年。因此，他们已能较好地适应自己的工作，并能够对课堂教学进行比较自如的驾驭，还会初步形成自己的教学风格。总之，教师在这一时期已没有了入职时的压力和不适，在应对自己的工作时也变得较为轻松和自信。同时，教师在这一时期也会特别注重提高自己的教学技能等。

(3)实验和歧变期

通常来说，教师在其从教的 7～25 年，便进入了其职业生命的实验和歧变期。这一时期是教师在自己职业生涯道路上的重要转变期，转变主要有两个方向：一是教师随着知识和阅历的增加，开始对自己及学校的各项工作大胆地进行求新和力求改革，关注学校发展，对学校组织和管理中的漏洞进行批评和指正，不断地对职业和自我进行挑战；二是教师因单调乏味的教学轮回而产生了职业倦怠感，不知道自己是否应该继续从事教师职业，因而不得不重新评估自己当前的工作。

(4)平静和保守期

通常来说,教师在其从教的26～33年,会进入平静和保守期。这一时期的教师已经拥有了丰富的教学经验和多样化的教学技巧,能够灵活地、轻松地应对教师工作。不过,处于这一时期的教师也会逐渐失去专业发展的热情和动力,因而其志向水平开始下降,在对待工作时也变得较为保守。

(5)退出教职期

通常来说,教师在其从教的第34年开始,会逐步进入其职业生涯的终结期。

(三)教师社会化发展阶段论

教师社会化发展阶段论的代表人物有莱西、王秋绒、傅道春、殷国芳、张向东等,而综合这些人的观点,教师社会化发展主要包括以下几个阶段。

1. 准备阶段

处于这一阶段的教师开始进行积极的教师专业准备和发展,包括教师进入师范院校学习和入职前培训,学习教师专业和接受相关训练。

2. 新手发展阶段

这一阶段的教师在进入学校任教后,其成长受到多种因素的作用,个人知识和技能开始紧密地与自身生存和发展联系起来,在生存压力下开始加强专业发展。但这一阶段更多的是应用在学校学习的各种知识和教育技能,以常规方法为主,努力探索能使教学得以顺利进行又能得到专家认同的教学模式。

3. 成熟阶段

处于这一阶段的教师,已经能够较好地胜任自己的教学。开始从关注自身转向关注学生发展;开始突破原有知识和教学技能，发展更加实用和自主的教育方法，能灵活自如地应用各种教学技能，并能组合成新的教学方式；开始走出上一阶段形成的固定教学程式，在教学和专业知识上逐渐提出自己的一些看法，进入成长的成熟阶段，实现由胜任到教学能手的转变。

4. 专家阶段

处于这一阶段的教师，会努力地对自身业务进行钻研，并积极开展教学科研。此外，教师在这一阶段还会根据教育发展的要求，并综合自身特点，逐步发展新的教学技能和教育思想，形成独特的教学教育模式，成为专家型的教师。

二、教师专业发展角色理论

学校系统中，教师在学生发展过程中扮演重要角色，凝聚着社会对教师的多种期待。同时，在现实生活中，人们更多地从规范的角度对教师的角色进行探讨，继而对教师提出诸多期望。此外，教师对自身角色的认知与理解，不仅会影响到其角色扮演情况，而且会影响其自身的专业发展。因此，在推进教师专业发展时，关注教师的职业角色心理，协助教师加深对教师角色内涵的理解与认知是非常重要的。所以说，教师专业发展角色理论也是高校教师专业发展的一个重要理论基础。具体而言，教师专业发展角色理论中，较有代表性的观点有以下几个。

（一）建构主义的教师角色理论

建构主义的教师角色借助于皮亚杰的心理学理论，对教师的角色发展进行了分析，具体包括以下两方面的内容。

第一，教师与学生一样，在知识的获取过程中也是积极的学习者，即需要在学习中构建自己的知识。

第二，教师在构建新的理解时，会依赖于与外部世界的交往。因此，教师发展是与外部世界互动的结果。

(二)实用主义的教师角色理论

实用主义的教师角色理论是以杜威的实用主义理论为基础的,其观点主要包括以下两个方面。

第一,教师作为学习者,必须在教师实践中掌握教学中实用性问题的解决技巧,如教学过程中出现困境应如何解决,如何有效地对教学进行控制等。

第二,教师必须在教师实践过程中,必须不断地对自己和对工作的认识进行反思。也就是说,教师必须要成为"反思性实践者"。

(三)人本主义的教师角色理论

人本主义的教师角色理论是在罗杰斯、马斯洛等人本主义心理学家的研究成果上提出的,其观点主要包括以下几个方面。

第一,教师要与学生建立积极的关系。

第二,教师在开展教学时,必须以学生为中心,而且要高度信任学生,注重激励学生发现自己的情感体验、发展自己明确的自我概念。

第三,教师要帮助学生积极地对他人予以认同,并引导学生学会与他人分享感情。

第四,教师要帮助学生意识到自己的态度和价值,并做出相应的行为。

第五,教师要综合发展自己的认知与情感。

第六,教师应具有信任感、真诚感和自信感,努力成为自我实现的人。

(四)批判教育理论的教师角色理论

批判教育理论认为,学校教育的实施离不开国家的资助与支持,学校教育需要将学生培养成合格的成年人与公民。在这一过程中,教师必须切实充当"权力的仆人"和"国家的直接行动者"的角色。因此,批判教育理论对于教师角色的看法主要有以下几种。

第一,教师是国家官僚机构的成员,是教育的技术人员。

第二,教师在社会经济再生产过程中发挥着重要的作用,即教师从其阶级属性上来说属于中产阶级或者小资产阶级,其作用是对未来服务于资产阶级的工人进行监控、管理和调教。

第三,教师是积极参与并且逐步改变其工作环境的角色。

三、教师专业社会化理论

教师专业社会化理论也是高校教师专业发展的一个重要理论基础,包括以下几个具有代表性的观点。

(一)结构功能主义学派的理论

结构功能主义是美国社会学家帕森斯于 1945 年在《行动的一般理论》一书中首先提出的,之后他的学生莫顿对这一理论进行了完善。在结构功能主义学派看来,个体应符合社会的要求,个体在社会化过程中是被动的。个体专业化作为社会结构的一个问题,是一种受社会制约的现象,因而个体必须遵守已有的社会规范与期待,按照社会文化的要求和社会角色需求来塑造自己。以此理论来解释教师专业发展,即教师根据学校组织及其相关规定、教师社会角色期望等对自己的身份地位进行了解,并据此对教育专业知识进行学习、对教师团体的规范进行有效内化,最终形成恰当的教师角色行为、达到教师专业组织整体目标的历程。在这一历程中,培训职前教师的院校以及教师任职的学校是社会主体,也是教师角色期望或规范的直接促成者,也会对教师的专业角色表现产生重要影响。

(二)符号互动论学派的理论

符号互动论学派的理论主要是符号互动理论,它是由美国社会学家米德创立的,而其真正的提出者是米德的学生布鲁默,提出的时间是1937年。此后,托马斯、库利等人对这一理论进行了完善,使其产生了深远的影响。

符号互动理论认为,“符号”是人们借以传达思想、意义等种种媒介,如语言、文字,表情、手势、姿势等。而个体的社会化是在人与人、人与社会的互动过程中实现的,即“社会我”是自我与他人关系的产物。其中,“自我”是对社会客观现实的内化和主观解释,自我的观念是在社会互动中产生的,并把“自我”区分为“主体我”与“客体我”。而“主体我”与“客体我”结合的过程就是个人与他人互动的过程。在这个过程中,个体不仅要对他人的行为做出主观判断与解释,还要了解他人对自己的角色期待,也即“重要他人”的看法。因此,个体要想实现社会化,必须借助于符号系统,并要与他人进行充分的互动。

依据符号互动理论的观点,教师专业化就是师范生或在职教师在一定的环境中(如师范学校、任职学校等),通过与他人的有效互动,使自我获得专业角色观念的过程。在这一过程中,不论是师范生还是在职教师,对于自身的角色期望会逐渐形成深刻的认知,并会以自我判断为依据对这些角色认知进行调整,以最终表现出专业角色。

(三)冲突论学派的理论

冲突论学派的理论即冲突论,它是由列维斯、兰德尔和拉尔夫共同创立的。后来,美国的科塞、德国的达伦多夫等又对这一理论进行了完善。

冲突论认为,个体在社会化过程中并不是一个被动地等待着被雕塑的人,而是主动调适自己参与社会群体冲突的个体。冲突是社会的本质,社会群体之间的冲突会改变个人的权力、地位和利益,或者使个体隶属于另一个社会群体,因而个体需要学习和遵循的社会规范也必然会随之发生变化,而权力、地位和利益在社会群体之间的分配永远是不均衡的,因而社会群体之间的冲突是始终存在的。面对这一现实,个体要想实现社会化,必须不断地学习和内化所属社会群体的社会规范，不断地、主动地调适自己参与冲突的能力。

依据冲突论的观点，教师专业化就是教师在冲突的社会中，通过对冲突的主动与经常性调适，对利益集团不断变化的价值规范予以接受的过程。因此，教师在专业化过程中习得的专业规范并不一定是真正的专业规范，只是代表了教师利益的规范。此时，必须要求教师不论处在怎样的社会情境中都必须具有进行自我反省与批判的能力。只有这样，原来被忽略的价值或合法化利益歪曲的思想意识才能重新得到公正评价。

第三节　高校教师专业发展的研究方法与原则

在当前，世界多极化、经济全球化发展迫切需要教育为国家培养出多层次、多样性的创新型人才。由于这些人才的培养必须依赖于教师，因而教师特别是高校教师的专业发展逐步成为教育界的研究主题。

一、高校教师专业发展的研究方法

进行高校教师专业发展研究，只有根据实际情况选择恰当的研究方法，才能收到科学的结果。具体而言，可以使用的方法有以下几个。

（一）观察法

系统地观察、有计划地记录被观察者在自然情境中的教学准备、教育过程、师生关系、自身发展等，并据此对被观察者心理活动产生的规律与发展规律进行了解的方法，便是观察法。在高校教师专业发展研究中，观察法的运用是十分普遍的。

在高校教师专业发展研究中运用观察法时，要注意依据实际情况选择合适的形式，即明确是进行参与观察，还是进行非参与观察。在被观察者的活动过程中，观察者作为一个成员参与其中，对被观察者的活动进行观察研究，便是参与观察；在被观察者的活动过程中，观察者不直接参与其中，而是以旁观者的身份对被观察者的活动进行观察研究，便是非参与观察。不过，不论是采取参与观察还是非参与观察，参与者都不能让被观察者发现自己正在观察其活动，以免影响被观察者行为表现的真实性。此外，在运用观察法时，要提前明确观察目的、制定观察计划，要确保观察是系统的，并进行详细的、如实的记录。

（二）文献法

系统地收集与研究问题相关的文献，并通过对所收集的资料进行整理、鉴定和分析，使研究问题得到明晰的方法，便是文献法。这里所说的文献，以其性质和内容的加工方式为依据可以分为四类：一是零次文献，这类文献多是曾经历过特别事件或行为的人撰写的事件叙述，是未经公开发表和人工物化的最原始的研究文献；二是一次文献，这类文献多是对事件的经过、研究成果、新知识等进行直接记录的专著、论文和调查报告；三是二次文献，这类文献多是按照一定的方法对一次文献进行加工整理的结果，便于人们对一次文献进行查找，如对文献的特征、内容要点等进行简要摘录的文献；四是三次文献，这类文献是在利用二次文献检索的基础上，对一次文献进行系统的整理并概括论述的文献。

在高校教师专业发展研究中运用文献法时，重在收集与高校教师专业发展密切相关的书籍、期刊、论文，并要注意调查访谈学校教师所提供的各种资料，对高校教师专业发展的理论研究成果进行整理与分析。

（三）实验法

有计划有目的地控制条件，使被试产生某种心理现象，然后进行分析研究的方法,便是实验法。一般来说,实验法可以分为两类:一类是自然实验法,其是在实际生活情境中进行的,并要以特定情境为前提对实验条件进行适当控制;另一类是实验室实验法,其是在实验室中进行的,通常需要借助于专门的仪器设备,而且需要对实验条件进行严密控制。

在高校教师专业发展研究中运用实验法时,需要遵循一定的程序,具体如下。

第一,对实验组和对照组(控制组)进行确定。实验组和对照组(控制组)应该具有实验所涉及的影响个人行为能力的一切因素,以确保实验结果的有效性。

第二,对实验组实施实验程序,对照组(控制组)则要像往常一样。比如,在研究高校教师的教学法对教学的影响时,实验组和对照组(控制组)所要达到的学习目标、所使用的教材、所运用的设备、所进行教学的教师都必须是相同的,区别只是教师所使用的教学法。如此一来,便能保证实验结果确实是由教学法的不同所产生的。

第三,对实验数据进行整理、统计与处理,并最终得出结论。一般以统计上的显著性差异说明差异性。所谓显著性是从概率角度来看结论是否为伪的概率。

(四)调查法

以问问题的形式向被调查者搜集资料,据此对被调查者的专业发展特征、机制、规律等进行研究的方法,便是调查法。虽然说调查法是以个人为实施对象的,但借助于许多个人的反应,可以对高校教师群体的专业发展规律进行分析与预测。

一般来说,调查法又可以细分为两种具体的方法,即问卷调查法和个别访谈法。其中,问卷调查法就是借助于问卷对与教师专业发展相关的资料进行收集,然后根据收集的资料对教师专业发展进行研究的方法;个别访谈法就是通过与被调查者面对面地进行交流讨论来搜集资料,以研究教师专业发展规律的方法。需要注意的是，在高校教师专业发展研究中运用个别访谈法时，主要是采用半结构性访谈，即在访谈之初向被调查者提出一系列结构性问题，然后为了深入探究，采用开放性问题，期望获得更为完整的资料。

（五）比较研究法

所谓比较研究法，就是“人们根据一定的标准或以往的经验、教训，把彼此有某种联系的事物加以对照，从而确定其相同与相异之点，对事物进行分类，并对各个事物的内部矛盾的各个方面进行比较后，找出事物内在联系的规律，从而认清事物的本质”①。

在高校教师专业发展研究中采用比较研究法，能够从比较中对教师专业发展进行更为清晰的认知，继而更好地把握教师专业发展的规律。

二、高校教师专业发展的研究原则

在开展高校教师专业发展研究时，为了确保研究结果的科学性和准确性，在研究过程中必须遵循一定的原则，其中较为重要的有以下几个。

（一）客观性原则

在开展高校教师专业发展研究时，必须立足于高校教师专业发展的现实对高校教师专业发展的特点、规律等进行研究，这便是高校教师专业发展研究的客观性原则。

高校教师专业发展研究过程中要切实贯彻客观性原则，研究者必须特别注意以下两个方面。

第一，在进行资料收集时，研究者应以提前设计好的观察内容、步骤为依据，对作用于被试身上的各种刺激以及被试所呈现

① 郭平，熊艳．教师专业发展概论[M]．成都：西南交通大学出版社，2017：19.

的相应行为反应进行如实、详尽的记录，并要切实根据记录的资料对被试的专业发展特点与规律进行判断。此外，研究者在收集资料的过程中，要尽可能运用多样化的资料收集方法，以确保资料的客观性、准确性和全面性。

第二，研究者在处理所收集的资料、分析与整理所得出的结果时，应尽可能根据客观的标准来进行，不可进行过度推论，以免影响结果的准确性。

（二）理论与实践相结合原则

理论与实践相结合原则，指的是在进行高校教师专业发展研究时必须从高校教师专业发展的实践出发，研究结果要能够为高校教师专业发展的实践以及高校教师的专业成长服务。只有这样，高校教师专业发展研究才能实现自身的价值。

在当前，教育学的研究主要有三种类型：一是基础的科学研究，重在探明理论，因而所针对的问题具有普遍性但非实践中的具体问题；二是外推基础研究，实践是这类研究的主要课题来源，但其从本质上来说还是高度简化的基础研究；三是应用水平的研究，这是一类完全针对实践问题的研究。在开展高校教师专业发展研究时，无论进行的研究是哪一类，都必须定位于指导实践，即为高校教师的专业成长服务。只有这样，高校教师专业发展研究才具有价值。

（三）多元化与个性化相结合原则

在开展高校教师专业发展研究时，要注意进行多元化研究，如研究视角的多元、研究方法的多变、研究主体的增多、研究内容的拓展等。如此一来，对高校教师专业发展的研究便能获得更多有价值的成果，从而在多方面为高校教师的专业发展提供发展动力。但是，在进行高校教师专业发展的多元化研究时，不能忽视个性化研究。具有特点的个性化研究的出现，有利于形成百家争鸣的格局，继而得出更多有利于高校教师专业发展的研究成果。

事实上,高校教师专业发展的多元化研究与个性化研究是一个问题的两个方面,两者的结合能够使高校教师专业发展研究形成真正的多元化格局。

(四)全球化与本土化相结合原则

在当前,全球化已成为不可阻挡的发展趋势。因此,在进行高校教师专业发展研究时,要注意借鉴国外先进且有益的研究成果。但是,在这一过程中,要注意对国外的研究成果进行必要的中国式解读,仔细思考其在我国的文化适应性和实践适应性。否则,国外高校教师专业发展方面的研究成果是无法促进我国高校教师专业发展的。因此,在开展高校教师专业发展研究时,要注意全球化与本土化的有机结合,即有意识地将本土的学术资源与国外的研究成果进行结合,注意本土学术共同体的构建,增强和规范本土研究成果的规范化与影响力,从而逐渐构建起适合我国高校教师专业发展的理论体系。

第四节　高校教师专业发展的主要取向

根据对教师、教学、知识等概念理解的差异,可以将学术界有关高校教师专业发展的理论归结为三类取向,即理智取向、实践—反思取向和生态取向。这三种高校教师专业发展的取向,对于“教师专业发展什么”的理解是不尽相同的。

一、高校教师专业发展的理智取向

在高校教师的专业发展取向中,理智取向是历史最悠久的一种取向,而且这一取向在当前仍受到不少学者的认可。

（一）高校教师专业发展理智取向的基本假设

高校教师专业发展理智取向的基本假设，概括来说有以下几个。

第一，教师的教学实践作为一种理性的活动，其背后必须有特定的知识作支撑，即教师只有借助于特定的知识基础才能使自己的教学实践成为理性的活动。

第二，教学实践是在具体的教学情境中发生的，而且教学实践是零散的、具体的、流动的。但是，作为教学实践理智基础的知识不仅十分简洁，而且具有鲜明的结构性和稳定性，因此是十分方便教师进行理解与把握的。

第三，要促进教师实践的改变，从支撑的知识改变入手，不啻为一种便捷且容易操作的方式。

（二）高校教师专业发展理智取向的基本内容

高校教师专业发展的理智取向认为，教师要想进行有效的教学，必须具有两类知识：一类是学科知识，即教师自身要拥有的"内容"，包括知识、技能与价值观等；另一类是教育知识，即教师帮助学生获得"内容"的知识与技能。由于知识基础对于教学专业是非常重要的，因此要促进高校教师的专业发展，必须帮助高校教师获得专业知识基础。

高校教师教师获得的专业知识基础是高校教师行为变化的基础，高校教师通过对专业知识的全面掌握与有效运用，能够将其转化为良好实践，以不断推动自己的教学实践工作取得成效。因此，高校教师专业发展的理智取向认为，要促进高校教师的专业发展，必须通过正规的培训这一途径，包括职前的或在职的，或者向专家或大学学者学习某一学科的学科知识和教育知识。同时，高校教师专业发展就是要为高校教师提供最基本的专业知识基础，通过"传授"的方式让高校教师获得这些知识基础，继而构建起自己的专业知识、能力结构。

（三）高校教师专业发展理智取向的评析

评析高校教师专业发展的理智取向，既要看到其积极的一面，也要看到其消极的一面。

1. 高校教师专业发展理智取向的积极方面

理智取向对于高校教师专业发展的积极影响，主要表现在以下几个方面。

第一，人们虽然难以对具体的教育实践本身进行把握，但只要找到某种与教师教学实践密切相关的、容易进行把握的、具有一定的稳定性但也可以进行改变的要素，便能有效促进高校教师的专业发展。

第二，高校教师专业发展理智取向的理论能够将教师教学实践较为容易地转化成可以设计和运作的“课程”，因此其能够对职前教师教育机构产生重要的影响，即帮助职前教师教育机构更好地对教育“课程”进行设计与运作。

第三，高校教师专业发展的理智取向认为结构化的公共知识对于高校教师的教学实践有着重要的价值，而这实际上是认可了正规教育研究的成果在实际教育教学实践改进中所起到的作用。

2. 高校教师专业发展理智取向的消极方面

理智取向对于高校教师专业发展具有积极的影响，但也不可避免地产生一些负面效应，这主要是通过以下几个方面表现出来的。

第一，高校教师专业发展理智取向的基本假设通常是不能够完全成立的。虽然说高校教师的教学实践需要有理智的支撑，需要以特定的知识为基础，但是，这些知识并不一定都在理智取向所倡导的知识范围之内。况且事实上，不论是教育界的教育实践决策还是教师的教学决策等，很多都是非理性的。此外，在教育现实中,不少高校教师对专业知识基础明显缺乏兴趣。

第二,高校教师专业发展的理智取向认为,具体的教学实践要高度依赖结构化的公共知识。事实上,高校教师在现实生活中开展教学活动,是很难将结构化的公共知识作为“实践推理”的基础,因为这其中必须经历非常特殊的转化过程。此外,不少高校教师根本就不认可也不肯接受理智取向所倡导的结构化的公共知识。

第三,高校教师专业发展的理智取向把“教师”当作一个“统一的”整体,事实上,“教师”这一群体的内部是存在着明显的分化的,即不同的教师之间存在明显的个体差异。因此,理智取向的理论和实践并不能对所有的高校教师都起作用,即有些高校教师能够从这一取向下的高校教师专业发展活动中获得明显的提高,但也有一些高校教师可能完全没有收获。

二、高校教师专业发展的实践—反思取向

高校教师专业发展的实践—反思取向,在我国当前已经被越来越多的人所认可和接受。

(一)高校教师专业发展实践—反思取向的基本假设

高校教师专业发展实践—反思取向的基本假设,概括来说有以下几个。

第一,“人”并不是抽象的,也不是复数的,而是具体的、个体的,同时人也不是一般的“人”,而是复杂社会关系中有着特定历史和境遇的“人”。

第二,在教师的教学实践中,以“正式的”语言(主要是书面语言)为载体、在一个小范围内以约定俗成的逻辑和术语进行表达的、暗含着某一学术领域的长远历史背景的、被假定可以被人们所共享的“知识”,不论其是属于学科知识还是属于教育知识,并不能够直接影响教师的教学实践。这是因为,教师对这些知识

“背后的”内容缺少基本的理解与认知，因此这些知识在具体实践中是无法进行“分享”的，也就无法直接影响教师的教学实践。

第三，教师的教学实践是一个理智的过程，一定存在着某些比较稳定的东西作为教师教学实践的“基础”，而这个基础就是教师专业发展的理智取向所假设的这些“共享的”“正式的”的知识。

（二）高校教师专业发展实践—反思取向的基本内容

高校教师专业发展的实践—反思取向，其基本内容主要包括以下几个。

第一，高校教师专业发展的实践—反思取向认为，在促进教师的专业发展时，必须注重强调教师作为一个“人”的独特性，强调教师个人生活与其专业生活的关联，更为注重教师的“个人的”“实践的”专业知识在专业活动中的作用。也就是说，教师不是通过“接受”知识来实现专业发展时，只有不断通过“反思”对来自己以及自己的时间进行更为清晰的理解，其专业发展才有可能实现。

第二，高校教师专业发展的实践—反思取向更为注重的是高校教师专业发展的过程性与体验性，因而高校教师成长中情感与态度所具有的作用是其非常关注的。实践—反思取向认为，教师发展除了包括理性的成长，还包含教师情感的不断丰富与深化。情感、态度与知识、认识是内在交织的，即情感、态度是知识的前提，情感、态度偏好是认知得以建立的基础；认知是情感、态度的基础。因此，在高校教师的专业发展中，情感、态度也发挥着重要的作用。

第三，高校教师专业发展的实践—反思取向认为，教师专业发展的方式是多种多样的。比如，教师可以通过写日记、写传记、讲故事、与他人进行交流等多种方式进行反思，并在此基础上不断促进自己的专业发展。

（三）高校教师专业发展实践—反思取向的评析

高校教师专业发展的实践—反思取向，大大拓展了人们对于高校教师专业发展的可能性的认识，也对未来的高校教师专业发展理论和实践提供了重要启示。比如，作为高校教师教学实践的理智基础的“知识”应具有怎样的性质以及如何在高校教师专业发展活动中体现“知识”的性质；如何在高校教师专业发展活动过程中构建能够真正促进高校教师专业发展的“个人的”“内在的”“现实的”平台；如何将为着“外在”目的的高校教师专业发展与高校教师“内在”的个人需求和现实结合起来；等等。

不过，高校教师专业发展的实践—反思取向也暴露出一个潜在的缺陷，那就是矢志于“反思”的许多高校教师专业发展措施，往往只停留在书面上，还未被有效运用到高校教师的专业发展实践之中。

三、高校教师专业发展的生态取向

“生态观”在 20 世纪 90 年代后作为一种思维方式被提出，并很快被引入到教育领域。教育界运用生态观来对教育中的各种问题进行界定、分析和解决，并逐渐形成了重在关注高校教师专业发展所赖以存在的环境的高校教师专业发展生态取向。

（一）高校教师专业发展生态取向的基本假设

高校教师专业发展生态取向的基本假设，概括来说有以下几个。

第一，教师是隶属于某一特定群体的，而且他们所隶属的这个群体赋予了他们“教师”这个专业身份。因此，在研究教师专业发展时绝不能剥离教师群体。

第二，教师作为生活在社会中的一个专业人员，其成长也是社会化的过程，而且这个社会化是“专业社会化”。

第三，教师的专业社会化过程，能够对其产生真正影响的是“教育社会”，即特定情境中的一个或几个具体的群体及其内部的专业生活方式。

（二）高校教师专业发展生态取向的基本内容

高校教师专业发展的生态取向，基本内容主要包括以下几个。

第一，高校教师专业发展的生态取向认为，仅仅依靠高校教师来促进其专业发展是不可能的，而且高校教师专业发展并不是要高校教师孤立地对其教学风格、教学策略等进行设计与改进。事实上，要切实促进高校教师专业发展，在更大程度上依赖“教师文化”，即教师群体所形成的态度、价值观、信念等。在教师文化的影响下，教师的工作具有了重要意义，教师的身份也得到了社会的高度认同。因此，在高校教师的专业发展过程中，必须注意对良好的教师文化进行构建。

第二，高校教师专业发展的生态取向认为，在开展高校教师专业发展活动时，必须以环境（包括学校的管理制度、学校的评价制度等学校物质环境和教师文化环境）为依托。

第三，高校教师专业发展的生态取向认为，教师应保持开放的心态，注重在教学实践中与其他教师进行专业上的切磋、协调和合作，进行经验分享和相互学习，以便所有的教师都能得到共同成长。

（三）高校教师专业发展生态取向的评析

高校教师专业发展的生态取向超越了理智取向和实践—反思取向中主要关注教师本身的局限，强调教师发展的过程和成功与它所依赖的环境密切相关，关注包括学校、社会在内的多种因素的和谐发展，尤其是文化的发展。也就是说，高校教师专业发展生态取向更注重为高校教师的专业发展提供一个良好的环境。

不过，高校教师专业发展生态取向到目前为止也只是提出了的新的问题，并没有很好的解决方案。因此，高校教师专业发展生态取向还是在发展中的、并不是很成熟的一种取向。

总的来说，高校教师专业发展的以上三种取向是相互联系、相辅相成的，分别从不同的侧面反映了教师专业发展的本质，对教师专业发展都有促进作用，只是强调的重点有所不同，因此这三种取向是难以完全割裂开来的。同时，高校教师专业发展的以上三种取向并没有确切的好坏之分，因此必须学会根据不同的高校教师发展情况进行有选择性的使用，以真正促进高校教师的专业发展。

第五节　高校教师专业发展的影响因素与途径探索

高校教师专业发展是一个连续的、动态的、纵贯整个职业生涯的过程，会受到多种因素的影响与制约。而且，把握了高校教师专业发展的影响因素，便能够较为容易地寻找到促进高校教师专业发展的途径。

一、高校教师专业发展的影响因素

影响高校教师专业发展的因素，概括来说主要有两个，即个人因素和环境因素。

（一）个人因素

影响高校教师专业发展的个人因素，又具体包括以下几个。

1. 教师的教育信念

主体对于自然和社会的某种理论、思想坚信无疑的看法，便是信念。它在人们的生活中发挥着重要的作用，既是人们从事实践活动的精神支柱，也是人们自觉行动的激励力量。此外，个体成长与发展的方向、速度和效果等，也会深受信念的影响。

教育信念是教师对教育事业、教育理论及基本教育主张、原则之类较为宏观、抽象的事物的确认和信奉，是教师情感、态度、价值观的具体体现。教育信念不仅能够对教师的教育行为产生重要的影响，而且会影响到教师的专业发展。具体而言，教育信念对高校教师专业发展的影响主要表现在以下几个方面。

第一，教育信念能够为高校教师专业发展提供重要的精神支撑。对于高校教师来说，其专业发展主要包括三个方面的成长与发展，即专业知识的成长与发展、专业能力的成长与发展、专业精神的成长与发展。其中，高校教师的专业精神是以其教育信念为核心的。高校教师只有具备科学、合理的教育信念，才能使自身的专业发展获得重要的依据，才能使自身在知、情、意、行等方面实现和谐统一。也就是说，高校教师专业发展必须要有教育信念的支撑，以推动高校教师不断丰富和完善专业知识、有效提高自己的专业技能，最终成为真正献身于教育事业的人。

第二，教育信念能够唤醒高校教师专业自主发展的力量。高校教师专业发展的核心就是要对高校教师专业自主发展的力量进行有效激发，而这种有效激发必须借助于教育信念。具体来说，教育信念作为教师专业发展的动力源泉之一，能够唤醒教师内在的自发的成长力量。这种力量会使教师为实现自己的教育理想而努力发挥自己的主观能动性，主动寻求自我发展。如此一来，高校教师专业发展的实现便会指日可待。

第三，教育信念能够使高校教师专业发展获得不竭的动力。对于某一个个体来说，虽然其积极行动会受到内部和外部因素的影响，但只有内部因素才是促使其积极行动的根本原因。这里所说的内部因素，主要指的是个体的内在需要。依据心理学家马斯洛的研究，人的需要从低到高可以分为七个层次，其中低级的缺失性需要如生理和安全的需要，沿生物谱系上升方向逐渐变弱，一旦得到满足，由此而产生的激发人们行为的作用就会降低甚至消失。高级的成长性需要如归属与爱、尊重、求知、审美和自我实现的需要，随生物进化而逐渐显现，它们很少得到完全的满足，是决定人的行为的主要原因。其中，自我实现的需要是人的最高等级的需要。它是一种以最有效和最完整的方式表现自己的潜力、追求发挥自己全部能力的需要,能推动人竭尽所能做自己认为有意义的事,完成与自己能力相称的工作,以最充分地发挥自己的潜能,成为自己所期望的人。对于高校教师来说,教育信念便是其自我实现需要的表现和反映。对于具有教育信念的高校教师来说,投身教育事业是最有意义、最神圣的事情,教育领域是能够充分展示他们个人的才能,体现他们的人生价值的最佳领域。他们热爱教育事业,渴望在教育领域竭尽所能、有所作为。由于这样的需要永远不可能得到彻底的满足,因此,它会源源不断地给教师的教育行为提供强大的动力,持续地激励教师不断追求达到专业发展的更高境界;它会有力地推动教师调动全部生命潜能投入到教育事业中,主动锤炼自己的专业精神,拓宽和加深自己的专业知识素养,提高自己的专业技能,超越来自外部和内部的困难,不断在事业方面取得成就。

2. 教师职业发展动机

所谓教师职业发展动机,就是教师在自我调节的作用下,使自身的内在要求与行为的外在诱因相协调,从而激发、维持职业行为的动力因素。在高校教师的专业发展中,职业发展动机也发挥着十分重要的作用。具体来说,教师职业发展动机可以促使教师积极、愉快地参与到教学工作之中,并使教师高度认可自己工作的价值,愿意去认真完成自己的工作。同时,教师职业发展动机可以使教师始终对教学工作感到好奇,或是能够一直被教学工作所激励。如此一来,教师的专业发展便能获得持续的动力。

3. 教师的认知能力

教学活动是十分复杂的一项活动,不论是确立教学目标、设计教学内容、分析学生特点,还是选择适宜的教学方法和教学策略、调控教学进程等,都离不开教师的认知能力。教师认知能力即教师对教学及其情境进行加工、储存、提取和应用信息的能力,主要表现在教师对课堂信息的感知、注意、加工、思维和想象能力等方面。在教师专业发展中，认知能力也发挥着重要的影响，具体表现在以下几个方面。

第一，教师的认知能力会对其教学效能产生重要影响。教师对课堂的选择、注意、加工能力是影响课堂教学有效性的重要方面。在教师教学专长发展的过程中，随着知识和经验的积累，教师对课堂教学信息的选择性也不断提高，如专家型教师通常表现出忽略常规的信息，对非常规的信息予以特别的关注。随着教师教学专长的发展，这种课堂信息加工能力逐渐由意识水平转化为无意识的自动化过程。在新手教师向专家型教师发展的过程中，教师对课堂信息的选择、注意、加工对认知加工速度和精确性的发展有一定影响。因此，教师的认知思维能力影响教学的效能。由于教学效能对教师的专业发展有着重要的影响，因此说教师的认知能力会影响到其专业发展。

第二，教师的认知能力会对其教学实践产生重要影响。一般而言，教师若处于高度抽象水平，其往往更爱思考，能够更为灵活地应对教学实践。此外，拥有较高认知水平的教师，能够更好地尊重学生，认为对学生应采取灵活和宽容的态度，理解学生之间的个别差异，强调要促进学生学业和个人成长。可以说，教师的认知能力和水平关系到教师对教育目的、教学任务等方面的理解和认识，影响教师对内在于特殊学科领域和学习背景的教育可能性的洞察。所有这些，都是优秀教师自身专业发展的关键。

第三，教师的认知能力会对其教育机智产生重要的影响。教师在教学活动中所面对的学生都是独特的个体，这使得教学情境变得错综复杂，课堂信息不断变化，随机事件频频发生。面对这一情况，教师必须随时做出对当前教学行为进行延续或改变的选择和决策。事实上，教师能否准确地做出这种选择和决策，在很大程度上受其认知能力的影响。因此，教师的认知能力会对其教育机智产生重要的影响，而教师教育机智的发展能够进一步促进其专业发展。

（二）环境因素

影响高校教师专业发展的环境因素，具体来说有以下几个。

1. 社会角色期望

人们以其社会地位为基础所表现出来的行为和态度的总模式，便是社会角色。社会对任何一种社会职业都赋予了社会期望，教师职业自然也不例外。具体来说，社会对教师职业的期望是多种多样的，如教师要充当教书育人的角色，即社会期望教师培养德、智、体等全面发展的学生；教师要充当心理辅导的角色，即教师要积极关注学生的心理，帮助学生与他人建立良好的人际关系；教师要充当行政管理的角色，即教师要做好学生管理与班级管理工作，有效维护课堂与班级纪律；教师要充当学生家长的代理者，即教师要给予学生家长一般的关心、帮助与管束等；教师要充当学者与学习者的角色，即教师要不断学习与研究，以确保自己的教育教学工作能不断得到有效改进；教师要充当模范公民，即教师要做学生的表率，遵守社会公德和法律法规，做社会发展的促进者。教师被社会所赋予的这些社会角色期望，在引导教师不断向前发展的同时，也会使教师产生一定的社会压力，迫使其通过自身的发展来满足社会群众的期望。据此，我们可以断定在高校教师专业发展中，社会角色期望是不容忽视的一个因素。

2. 教育政策

国家和政府在一定时期内为实现一定的教育目标而制定的有关教育方面的行动准则，便是教育政策。在教育活动的各个领域，教育政策都会有所渗透，并在发挥重要指导作用的同时影响教师专业发展。具体而言，教育政策对教师专业发展的影响主要是通过以下几个方面表现出来的。

第一，教育政策会对教师的生存和发展产生影响。教师是实施教育教学活动的主体之一，关系着教育改革的成败、教育质量的高低。而教师的基本生活、工作和学习条件等要想得到有效保障,离不开教育政策的大力支持。比如,教师工资水平是影响教师职业吸引力和教师队伍稳定的直接因素,因此许多国家和政府制定有关教师待遇的政策,为教师专业发展提供基本条件和保障。不过,这一政策在具体实施时会受到多方面因素的影响与制约,因而在实施过程中很容易出现与政策目标相偏离的现象,即教师的待遇无法得到有效保障,教师的待遇也比较低。这种情况难以使教师专业人员的身份得到高度肯定,而且会减弱人们对教师职业的期待,最终会导致教师选择离开教师职业。同时,这种情况也会导致教师为了生存而没有时间来制定专业发展的计划,其未来的专业发展必然会受到限制。

第二,教育政策能够激励、促进教师专业发展。教育政策对教师专业发展的激励与促进,主要是通过教师考核制度、教师奖惩制度、职务评审和聘任制度、教师培养培训制度等来实现的。以教师考核制度来说,其注重全面地对教师进行评价,包括教师的专业水平、教学业绩、工作态度、职业道德等。同时,教师考核制度会影响教师切身利益,如事关教师的提升与晋薪等。如此一来,教师在教学工作中便会表现出较高的积极性,并可能为了自己的切身利益不断促进自身的专业发展。

第三,教育政策能够规范和引导教师的发展。在教育事业的发展过程中,教育政策发挥着重要的作用,即通过某种标准与规范来指导教育事业的发展,约束、限定和引导教师的教育行为。在当前,越来越多的国家注重制定和完善教育政策,通过制定各种规章制度来规范教师的行为,如教师资格制度。具体来说,教育政策对于教师行为的影响主要表现在两个方面:一方面,教育政策明确规定了教师需要达到的发展目标,这一目标能够引导教师有目的地开展教育活动,并能够有效激发教师的工作热情与工作积极性,最终推动教育事业不断向前发展;另一方面,教育政策能够对教师的行为产生重要的引导作用,即教师在开展教学行为时必须以教育政策确定的行动策略、方法等为指导。

3. 学校氛围

学校氛围是一所学校内部所形成的,能够在潜移默化中影响其成员的价值观念、态度、信念、道德规范和行为等。对于教师来说,学校氛围也会对其生存与发展产生重要的影响。具体来说,学校氛围作为一所学校内部成员共同具有的思想作风、价值观念和行为态度,能够影响每位教师的思想和行为;学校氛围能够影响和规范教师的思想和行为,使教师能够理解和接受学校固有的价值观和基调,从而引起教师气质的同一性,最终促使教师形成特有的共同气质和风度;学校氛围良好,可以为教师提供富有挑战性的工作机会,继而有效激励教师不断发展、持续成长等。由此可以知道,在教师专业发展过程中,学校氛围发挥着重要的作用。

4. 学校管理

学校管理是为实现学校培养人才这一教育目的,根据教育政策和教育规律,对影响学校绩效的各种可资利用的校内外资源所进行的计划、组织、指挥和牵制活动。其在教师的专业发展中,往往会产生直接的影响。比如,学校的管理方式若是专制型的,则教师在人格上和精神上得不到应有的尊重,工作中始终处于被动的地位,缺乏工作的满足感,难以发挥教师的主动性和创造性,难以使教师获得专业发展。学校的管理方式若是民主型的,则可以充分吸收教师参与学校的管理与决策,激发教师的工作积极性,提高他们的工作满意度,使教师的智慧才能得到充分发挥,极大地促进教师的专业发展。

5. 教师文化

学校教师群体内形成的独特价值观、共同思想、作风和行为准则、规范等,便是教师文化。教师文化是隐性的、无形的,对学校全体教师的发展具有导向作用、规范作用、凝聚作用、激励作用、创新作用、辐射作用和共同发展作用。同时,教师文化是学校文化的一种亚文化,也是教师专业发展的“小环境”“小气候”。不过,在当前教师文化中出现的一些问题,对教师专业发展产生了重要影响。比如,教师群体观念守旧,对自身的发展和学校的前景都没有太大的期望,满足现状及明哲保身的现象严重;多数教师不思进取,对时代发展和变革反应迟缓;教师群体的整体气氛沉闷;教师间缺乏合作或一味盲从或服从,缺乏自身的独立思考与创造性。因此,要想有效促进教师专业发展,必须注意不断丰富和完善教师文化。

二、高校教师专业发展的途径

高校教师专业发展会受到多种因素的影响,因此要有效促进高校教师专业发展,必须采取多元化的途径。具体而言,可以采取以下几个有效的途径。

(一)国家要不断改革和完善教育政策

要促进高校教师专业发展,从国家层面来看,可从教育政策入手,不断改革和完善教育政策。具体来说,国家在改革和完善教育政策时,可从以下几方面着手。

第一,在教师职前教育培训方面,应积极构建师范大学和高水平综合大学培养教师的开放式教师教育体制,稳步推进教师职前教育的培养模式;要积极改革教师教育课程设置,合理设置教师教育课程计划;要进一步改革教师的教育教学实习,注重加大教师教育教学实习和见习的学时比例,完善教师实习制度,加强实习基地的建设。

第二,在教师职后教育方面,应全力推进教师教育一体化,即通过对教师教育资源进行整合,对教师教育的课程体系和标准进行整体设计,从而构建一个职前职后教育体制;要注意完善教师培训制度,即要建立系统稳定的教师培训体系,构建分层分级培训模式，确保所有的教师都能在培训中有所收获。

第三，在教师资格认证制度方面，应注意实行全面合理的考核方式，重视对教师能力、内在素质的考核，重视对教师进行现场实际教学能力的测试与评价，确保考核的公平公正。同时，要注意改革教师资格终身制，建立起发展性的教师资格制度。

（二）学校要积极采取措施来促进高校教师的专业发展

在高校教师的专业发展中，学校发挥着极为重要的作用。因此，要有效促进高校教师专业发展，学校有着不容推卸的责任。具体而言，学校可通过以下几个方面促使来促进高校教师专业发展。

第一，学校要积极建立完善的教师管理制度，以有效促进教师的专业发展。比如，学校要以师德建设为核心，坚持教师学习制度，引导教师认真学习党的理论，努力提升教师的思想政治水平和职业道德。又如，学校要注意建立教师长成记录袋，丰富教师评价的内容和方法，使教师能看到自己的成长过程，并据此了解教师队伍的现状，为促进教师的专业发展和学校的可持续发展提供决策依据。

第二，学校要积极为教师专业发展创设有利的发展条件。比如，学校可以要求并帮助教师，特别是中青年教师制定个人专业发展规划。通常来说，缺乏职业生涯规划的教师，其专业发展是缓慢的、自发的，也是盲目的。教师的专业发展规划，是对教师专业发展的各个方面和各个阶段进行的设想和规划。

第三，学校要注意对自身所具有的各种资源进行优化，以便为教师专业发展提供有效支持。比如，学校可以通过完善资源系统，为教师提供丰富的学习资源，促进教师的专业成长。

第四，学校要积极培养教师合作、探究的共享意识，鼓励教师积极参加各种学习和实践活动。

第五，学校要将课题研究与教师的专业成长和业务考核紧密挂钩，积极鼓励教师开展教学研究以提高自身的教学水平，促进专业成长。

（三）高校教师要通过自我完善来促进自身的专业发展

高校教师要想实现自身的专业发展，必须充分发挥自己的作用。也就是说，高校教师必须积极通过各种路径来提高自主发展的意识和能力，实现自我发展。具体而言，教师进行自我发展的途径主要有以下几个。

1. 学习

终身化学习在当前已经成为一种社会普遍接受的理念，每一个社会成员都必须不断地接受新知识，才能适应社会的发展。教师作为学习活动的促进者和指导者，更应加强自身学习。学习是教师职业生涯中不可或缺的，是实现教师自主发展的阶梯。

教师在进行学习时，必须以社会对教师的知识素养要求为依据，继而进行有重点的全面学习。教师要注意在三个方面加强知识学习：一是文化科学基础知识，二是专业学科知识，三是教育科学知识和心理科学知识等条件性知识。其中，教师的专业主体知识是核心的、最基本的。相对比较稳定的知识。有了这部分知识，教师就有资格承担某种课程的教学。

2. 日常教学实践

对于教师来说，日常教学实践有着十分重要的作用。因为日常教学实践，教师的生命才具有了可以显现的存在方式。一般来说，教师的日常教学实践包含着多种多样的活动，如开展教学准备、进行课堂教学、处理教学事件、对学生进行有效的课堂辅导等。教师在这些日常教学活动中，需要充分运用自己所学到的知识，并要将这些知识转化成学生可以理解和接受的教学内容。在这一过程中，教师需要对教学内容中所具有的育人因素进行充分挖掘，以确保学生的身心都能得到有效发展。此外，教师在这一过程中，能够获得一些新的实践知识。将这些新的实践知识与自身已有的知识进行有机融合，教师的实践性知识便能得到有效丰富,从而更好地指导自己的教学行为。这对于教师的专业发展来说是十分重要的。

教师在日常教学实践中,会自觉地对自己遇到的教学问题进行深入的思考。而教师思考的结果,也是其实践性知识的重要组成部分,因而能够有效促进教师的专业发展。

3. 科研活动

对于高校教师而言,要促进自身的专业发展,必须高度重视科研活动。教师科研是教育决策科学化的需要,是提高教师素质的需要,更是教师专业水平持续发展的需要。一所学校只有坚持不断提高教师的科研品位,才可能有长足的发展;一个教师只有走科研之路,才可能将教育教学工作提高到一个新的境界。因此,教师在教学工作中,除了要进行日常教学,还要积极参与到科研活动之中。

第二章　高校教师教学口语技能与训练技巧

教学口语是教师用于课堂的工作用语。它是教师根据教学任务,针对特定的学习对象,使用规定的教材,按照一定的教学方法,在有限的时间内,来达到某种预期的效果而使用的语言。苏霍姆林斯基曾说过,“教师的语言,是什么东西也不可取代的感化学生心灵的一种手段。教育的艺术首先应当包括说话的艺术——跟人的心灵打交道的艺术。”的确,教师的语言是一种技术,更是一种艺术;是一种知识更是一种思想。教学口语是高校教师教学的最主要手段,是教师的基本功。高校教师要完成“传道、授业、解惑”的任务,教学口语所起的作用是不可替代的,缺乏良好的教学口语,教学效果就会事倍功半。教学口语的正确运用是教学的核心,良好的教学口语修养应当成为高校教师的自觉追求。本章就高校教师教学口语技能与训练技巧的相关内容展开阐述。

第一节　口语的语体特征与智力品质

一、口语理论的演进

在18世纪,言语研究的侧重点在于正确地使用标准语法。“优雅的言语”成为人们使用准确的语言和优美的文体所追求的目标。19世纪80年代是口语理论产生显著变化的阶段。这一转变就是19世纪早期欧洲使用的语法翻译理论逐渐为80年代兴起的改革运动所取代。改革运动的主要精神：口语是第一位的，课上应绝对优先口语教学法；把围绕主题的相联系的语篇作为教学的核心。因此出现了自然法、谈话法、直接法、交际法等听说领先的教学方法。听说法较其它教学法更系统、更全面，内涵也更丰富，它也是最早明确地提出口语教学方法的教学法之一。听说法以结构主义语言学和行为主义心理学为主要理论基础，强调语音和口语训练，提出了听说领先的教学原则，主张先输入后输出。同时认为，按"听—说—读—写"的顺序学习最为有效。听说法主张在教学过程中让学生把大部分的时间用在模仿、记忆、重复、交谈等实践练习上，在大量操练的基础上养成一套新的语言习惯。听说法将现代语言学和心理学的成果与外语教学结合起来。

20世纪50年代法国兴起了情境教学法，并先后在英国、南斯拉夫等国广为流传。随着彩色出版物的普及和录音技术的改进，以言语为媒介推进语言学习与教学的观点成为大多数教学方法论的核心。尽管口语被应用到自然的教学过程中，但实际应用的形式并不是自然的口语交流，因为要练习语法结构就必然会限制口语交流。因此，在20世纪上半期的语言教学中，口语理论出现了自相矛盾的状况。

在20世纪70年代，语言学家们逐渐意识到，听说法忽视了语言交际的两个重要方面：它过分重视语言的结构形式，而忽视了语言的内容和意义；枯燥的机械性操作使得句型操练脱离语境，不利于培养学生创造性地运用语言的交际能力。随后，出现了以语言的意念、功能项目为纲，注重培养学生交际能力的意念功能教学法。这种教学法的出发点是以实用、交际为主，优点是以学习者为中心，从学生实际出发，受到20世纪60年代乔姆斯基著作的影响并伴随着七八十年代"交际法"的不断壮大。

二、口语的语体特征

口语表达是说话人出于某种社交使命，运用连贯、清晰的有声语言，并辅之以态势语言，传递信息、交流思想、表达感情的一种社会实践活动。口语表达看似十分简单，实际上却包含了相当复杂的生理和心理过程，它是人们将自己的思维语言借助于词语按一定的句式快速转换为有声语言的过程。

口语一般具有以下几个特点。

（一）与思维同步

为了更好地发挥语言作为交际工具的作用，说话人必须具备敏捷的思维能力，因为一旦话语出口，就会造成相应的影响，要做到说话准确流畅就必须注意口语与思维同步。

在口语表达过程中，思维是表达的灵魂。作为外部语言形式的口语和作为内部语言内容的思维，它们的活动实际上是基本同步的。所谓基本同步，就是指口语表达往往是在现想现说、现说现想的情况下进行的。当人们要说而未开口的时候，思维往往处于活动的状态，想到与话题相关的内容可能很多，但不一定有条理，也许仅仅有个大概的轮廓。在说话的过程中，前面的意思说完了，后面的想法又很快产生了。而且总想尽量使所要表达的意思说得更充实、更完整、更圆满。有时说完了，觉得还不满意，便立即加以补充。说话人的思维和口语就是这样相互联系、相互影响。

完善的口语表达要求语言必须与思维同步，思维的条理性与缜密性能带来顺畅流利的表达。与思维同步的主要要求：一是单向表述中对话题要快速思考与建构；二是双向或者多向表述中要准确把握对方表述的内容主旨并快速做出反应。

（二）以语音为信息载体

语音是口语表达信息的载体，是口语存在的唯一形式。口语凭语音表意，而音出于口，稍纵即逝。口语传播实际上是一个连续不断的语言流动、记忆转换的过程。一句话讲出来，能清晰停留在记忆里的时间很短。文字可以长久滞留，反复揣摩。声音却稍纵即逝，一般来不及推敲、斟酌、玩味。人们对口语表达的评价也往往是从整体印象出发的。

上述口语特点，对口语运用有如下的指导意义。

（1）避免因音同、音近而造成听觉上的语意错误。例如，“期中”和“期终”，“全不合格”和“全部合格”等在说话时都应引起注意。

（2）坚持以准确、清晰、洪亮的声音有效地完成口语表达。这种做法便于对方清晰准确地接收说话人所传递的信息。

（3）掌握适当的语速，加深听者的记忆。鉴于交际对象年龄、身份、学识素养等会影响听话效果，所以口语表达的语速首先要因人而异；需要对方加深印象、特别重要的话语更要放慢速度，使每一个字都能清晰进入对方脑海，印象深刻。

（4）必要时可用强调、渲染、反复、烘托等手段强化某些重要信息。在交际过程中，听话人可能会进入一种“麻木”状态，为了加深印象，说话人进行某些信息的表述时可通过适当提高音量、加强语气、重复话语等手段引起对方的重视和关注。

（三）受时空的制约

口语表达的对象是具体的，也是特定的。口语表达和书面语表达都有一定的对象，但口语表达的对象更直接，更具体。因此口语表达时不能不考虑特定对象的接受能力和不同的要求。只有了解了口语表达对象的要求、想法，才能减少口语表达的误差；还要考虑交际对象不同的语言习惯、性别年龄、职业身份、知识素养等，才能够找到更多的共同语言，实现最佳的交际效果。

口语表达时的信息交流总是在一定的环境中进行的。这种具有唯一性特点的现场氛围，使得口语无法做到书面语那样可以随时进行不露痕迹的修改。另外，说话人在现场的每一分钟都容易受到外界的影响，特别是听众的反应常常直接影响说话人的情绪。因此，在口语表达时一定要注意听众的心理和情绪变化，以及时调整说话的内容和形式，从而掌握表达的主动权。

上述口语特点，对口语运用有如下的指导意义。

(1)充分利用已有的时空环境。很多时候，交际对象的服饰色彩、现场氛围等都是可以使口语表达愉快轻松进行的引子，可以让说话人及时调整话题，改正不利因素。

(2)积极改善已有的时空环境。有时由于种种原因造成一些影响说话人情绪的不良因素，诸如现场的氛围、听众的态度等，说话人应该快速调整思维，及时挽回或者调整话题，将交际顺利进行下去。

(3)努力创造有利的时空环境。虽然口语表达时现场氛围是客观存在不能改变的，但是说话人可以迅速捕捉相关信息，充分利用交际对象的语言习惯、身份职业、性格特点、知识素养等，营造一个有利于口语交际顺利进行的时空环境。

三、口语的智力品质

口语表达过程是一个说话人快速理解、判断对方话语话题、快速思维以确定内容、组织语言、及时反馈的过程，而这一系列动作的完成，很大程度上取决于说话人的阅历、学识、思维机制等智力方面的底蕴与能力，所以说，口语具有很强的智力品质。具体而言，口语的智力品质在于其思维的敏捷性、内容的深刻性、修辞的敏感性、知识的广博性。

(一)思维的敏捷性

思维的敏捷性主要指思维的准确与快速。在口语表达过程中，说话人应在最短时间内迅速形成思维成果，同时又要立即把已经形成的思维成果迅速转化为口语形式。在这一过程中，既要完成较为严密的语言组织工作，又要用有声语言清晰、流畅地表达出来。思维的敏捷性主要表现为以下三大点。

(1)善于在各种情境、场合中迅速接受对方的语音符号，对语音符号进行分析、综合、归纳、演绎，形成连续的、线性的意义体系，听懂对方说的是什么。听大段讲话，善于捕捉关键词语，全面、准确地领会主要内容。例如，听故事的时候，能记住的事件的五要素；听报告的时候，能够弄清发言人的观点和意见。在众说纷纭的会话场景中，能准确地把握住人们对话的中心议题，明确各人的观点、主张或相互争论的焦点。还善于通过对方在特殊场合中发出的暗示性语言，理解其中的含义。

(2)善于根据对方说话的内容，敏锐地把握其思路和说话的线索，弄清他是怎么说的。即先说的是什么，后说的是什么；何处总说，何处分说；怎样过渡，如何照应。听长篇讲话，能抓住其中的要点，并注意各“点”的序列，理清其脉络，把握其主次。听条理紊乱的讲话，能敏捷地进行选择、归纳、整理，使其有条有理，井然有序。听七嘴八舌的发言，能归类理出头绪，抓住中心。

(3)善于针对对方说话的脉络和语义，迅速做出反应。例如，对话交谈能及时做出应答，激烈争辩时能立即抓住对方的漏洞和要害予以辩驳。对方问及不便作答的问题能巧妙做出应变。

思维的敏捷性还表现在说话人能根据对话过程中随时可能变化的话题和言语情境，机敏地调整原来的思维路线和方向，以应付层出不穷的现实话题，使话语滔滔不绝，应对自如。

(二)内容的深刻性

内容的深刻性是指说话内容的深入透彻，能够直达问题的本质并令对方印象深刻。说话人应善于斟酌自己的观点，并从可能的几种应对言语策略中确立最佳方案，力求体现出对话题认识的深刻，并具有剖析事理、探讨真谛的话语指向。

(三)修辞的敏感性

在口语表达中，说话人在对信息编码之前，应细心考虑心理环境。修辞敏感性就是衡量这种自觉性的一种尺度。它是准确判断社会和人际间冲突的能力，是了解修辞在什么时候要敏感、什么时候要果断的能力。美国著名的演讲学专家雷蒙德·罗斯在《演说的魅力》中指出：修辞敏感就是“能够有效地使我们传出的信息适合于受众和环境的要求，它反映了我们对待口语信息编码的特定态度，体现了我们该说什么以及怎么说的思路和方法”。

（四）知识的广博性

知识的广博性是指说话内容涉及面广而且有深度，体现出说话人渊博的知识结构和较高的学识素养。出色的口语表达不仅是敏捷而深刻的，而且是思路开阔、构思严密和完整统一的。这样的口语表达常常表现为说话人能以话题为中心，自然地向四周发散，形成一种智力辐射，体现出说话人的丰富的知识储备。例如，“狮城舌战”时，复旦大学队半决赛对悉尼大学队，辩论“艾滋病是医学问题还是社会问题”。为阐述单靠医学手段不能征服艾滋病这个观点，三辩在自由论辩中讲道：“在非洲许多地方，艾滋病已经造成了‘千山鸟飞绝，万径人踪灭’，对方难道还要让医学这个‘孤舟蓑笠翁’来‘独钓寒江雪’吗？”这里辩手巧妙进行语言转换，赢得了热烈的掌声，这当然应归功于辩手丰富的知识储备。

由上述可知，口语表达中思维的敏捷、内容的深刻、修辞的敏感以及知识的广博是良好的口语表达中非常重要的智力品质。

第二节　高校教师教学口语的特点与构成要素

一、高校教师教学口语的特点

口语是相对于书面语而言的一个概念，其特点自然主要表现在和书面语的差异上，如不依赖于文字和笔、纸等书写工具，常常脱口而出；用声音来表现，更容易传达情感色彩和话语形象，但由于声音稍纵即逝，口语不易留。口语表达虽然对书写工具没有要求，但对交际环境有较大程度的依赖，受交际双方时空距离和身体因素的影响，还受交际场景中其他声音的干扰。教师口语是用比较标准的普通话表达符合教学要求的教师工作用语。它与一般口语的区别是面对特定的对象，为了特定的目的，在特定的交际环境中而进行的言语交际。高校教师口语的内涵因其教育教学对象的特殊性而比其它的教师口语的内涵更丰富、更深刻。就高校教师教学口语而言，其特点表现为以下几方面。

（一）教育性

教育性是高校教师教育教学口语的首要特征。教师要根据国家高等教育方针，在教育教学过程中，以生动、感人、有力的教学口语，引导学生形成正确的价值观、人生观和世界观，逐步养成较强的社会责任感，学会做人。教师在运用教师教育教学口语时，要注意对学生的点拨和引导，将知识传授和德育教育有机地结合起来，从而达到教书又育人的目的。

教师教育教学口语不仅反映高校教师的专业素养和教学水平，也反映高校教师的思想、道德情操的水平。高校教师在传授学科知识、培养学生能力的过程中进行思想教育，熏陶和提高学生的道德情操，要把先进的思想、美好的理想、奋发的精神、旺盛的求知欲、锲而不舍的意志力以及审美情感等融于口语表达中，潜移默化地教育学生。

（二）规范性

规范性指高校教师教育教学口语要符合普通话的表达规范，符合教育学的教育规范、心理学的行为规范和学科自身的科学规范。高校教师规范的口语给学生语言以营养、给学生思维以启发、给学生行为以劝诫，促使大学生身心健康发展。高校教师在教育教学中使用规范的口语，学生在有意无意中受到教师语言的影响，从而促进学生语言规范性的形成。

（三）启发性

启发性的高校教师教育教学口语，能疏通学生学习中的障碍，启迪学生的智慧，引发学生的创新，激励学生的探索，促进学生学习的过程。启发性就是要求高校教师教育教学口语能引起学生兴趣，促使学生思考并使其有所领悟，启发学生思维和想象。高校教师教育教学口语始终要注重引导和启发学生去积极思考。高校教师不能替代学生的思维活动，应为学生的思维活动营造适宜的环境。

（四）知识性

高校教师需要有丰富的知识，否则能讲的话就非常有限。高校教师口语的丰富性来源于广博的知识、丰富的经验。高校教师要教诲无涯，就要学海无涯。只有这样才能在讲台上、生活中说古论今、旁征博引，既能具体形象，又能上升到理论的高度而令人信服。高校教师的教学对象是大学生，他们不会仅仅满足于现象的讲解和说明，他们需要的是推导和论证。这就要求高校教师的口语应体现其丰富的知识性。

（五）可接受性

要提升学生的学习和活动效率，必须关注教师教育教学口语的可接受性。高校教师教育教学口语在内容上必须是学生在已有的知识基础和日常生活经验的范围内能够理解的，与学生的思想感情和心理发展特点相通。高校教师要深入了解学情，能够从学生实际出发来选择和组织语言，提升教学口语的可接受性。

（六）感染性

感染性体现的是高校教师教育教学口语“以情育人”的特点。教育教学的对象是人，学生有喜怒哀乐各种情感，正因为如此，高校教师才有机会以情感人，以情育人。这种感染性无需通过说理,而是通过真实、自然、新颖、生动的口语形式把高校教师内在的道德修养、文化素质、生活经验和对社会的认识等传递出来并感染学生,从而起到教育的作用。当然,作为高校教师,消极的思想情绪、对社会的冷漠态度、不健全的心理机制通过口语同样会对学生起到感染作用。所以,有益的感染性来自于良好的内在素质。充满关爱之情的严词厉句,会比冷淡无情的说教更容易让受教育者接受。高校教师充满真情实感的话语,满足了学生的情感需要,使学生的情感产生共鸣,体会到教师的那份关心和爱护,就会接受老师的教育。教育是一种情感交流的过程,教师感情的变化随时随地都处在被学生感受的过程中,所以高校教师教育教学口语应是一种带有强烈感情色彩的语言。

(七)个性

高校教师的口语除具备一些基本的特性,还应该形成自己的风格,突出个人的特点,给学生留下深刻的印象。如果教师的口语有自己独特的个性,那么学生就会觉得每一门课都是新鲜和有特点的,而不会觉得枯燥单一。特别是高校的教师,他们的口语个性其实随时随地都在影响着以后也要当教师的学生。如果学生认可了教师的口语个性,他就会模仿、学习,为自己今后所用。

二、高校教师教学口语的构成要素

高校教师教学口语的构成要素主要包括语音、语调、响度、节奏、语速、重音与停顿、音色与语言的弹性。

(一)语音

语音,即语言的声音,是语言符号系统的载体。在语言的形、音、义三个基本属性当中,语音是第一属性,人类的语言首先是以语音的形式存在。语言依靠语音实现它的社会功能。教学中对语音的基本要求是规范。高校教师应该使用纯正的普通话,读准音节的声母、韵母和声调。在此基础上还要掌握语音的各种语流音变现象。规范标准的普通话语音能给人以悦耳舒心的审美感受。反之,如果方言土音较重或者发音不得法,就必定会影响教学内容的充分表达。高校教师不仅要读准普通话语音,还要掌握发音技巧。一些教师说话吐字不清,主要原因是发音器官(唇、齿、舌)在发相应的字音时不到位。这种问题,只要有意识地矫正,并且经常练习,养成习惯,是可以解决的。

(二)语调

语调是指讲话时声音的高低升降、抑扬顿挫的变化。适度的语调,可以加强口语表达的生动性。语调在高校教师的语言艺术修养中占有很重要的地位,恰当的语调能使其语言生动,具有磁铁般的吸引力;拙劣的语调则使其语言黯然失色,教学效果也受影响。在课堂教学中,高校教师语调的运用一定要从所表达的内容出发,自然适度才能起到应有的作用。一般情况下,高校教师在讲解重难点和关键点,在叙述概念、定理时,说话要慢些,语调要高些,目的是引起学生的注意,给学生留下思考和做笔记的时间。当讲解有难度的内容时,高校教师的语调要平稳缓慢,同时注意语调对关键词的强调作用。课堂上,当发现学生思想开小差,注意力涣散,处于疲惫状态时,高校教师可以提高声调以引起学生注意。

教学口语比书面语的表达效果更加丰富,这主要归功于语调的运用。在教学中,准确地范读出某一语句的语调,可能比多句的解释更容易被学生接受。语调不但能增强口语的表达效果,有时甚至可以改变原句的意思。因此,高校教师应该注意自己语调的运用技巧,做到恰切适度、优美自然、亲切柔和,并且要注意语调的随机调节和变换,调动学生的积极性,增进师生感情,提高教学效果。

(三)响度

人耳感受到的声音强弱叫作响度,又叫音量或音强,它是人对声音大小的一个主观感觉量。教学口语无论在语音语调、遣词造句上，还是音调音响上都带有一定的夸张性。因此，音调应稍高一些，响度应稍大一些。高校教师的声音首先要清晰响亮、浑厚有力，贯通整个教室，使教室里的每个学生都能听清讲课内容。其次，要注意不能走极端，即声音不可过高、过大或过低、过小。所以，高校教师一定要控制好自己的音量，要适中适度，以教室里坐在最远处的学生听见、听清为准。音量大小和气息控制有关。要达到一定的音量，就要注意深呼吸；要注意有控制地用气。注意音量的保持，避免听清前半句，听不清后半句。

（四）节奏

节奏是指讲话时声音抑扬顿挫、轻重缓急而形成的回环往复的形式。课堂节奏是讲课者根据课程内容、个人的情感、学生的反应等即主客观因素而形成的在讲课过程中的抑扬顿挫、轻重缓急等对比反应。节奏构成要素有语速、重音、升降（扬抑）、停顿等。教学口语的节奏感就是这些因素综合作用的结果。课堂中不同的节奏会直接影响学生的思维活动。节奏的急缓靠句间停顿、语段间的停顿、句子的重音和语调的高低升降来体现。节奏和语速有联系但不是一回事，每个字音长音短时间并不一样，句中句间长短不一的停顿就是节奏。它直接影响着学生的情绪和接收信息的效率。

（五）语速

语速是指讲话的速度。语速的快慢靠音节间的停顿来控制。语速的快慢也是影响学生思维活动的因素之一。教学口语的速度是否合适，对学生的学习效果有着重要影响。耳朵有一定的承受力，超载就听不清。电影、电视解说的速度为每分钟 250 至 300 字（播音员为 350 字/分钟），在日常生活中，人们的讲话速度各不相同。教学口语作为高校教师的一种专门的工作语言，不能用日常习惯的语言速度去讲课。它受课堂教学规律的制约，受与教学有关的诸多因素的支配。课堂教学的语速应以学生接受语言信息合适为准，一般平均每分钟200字左右为宜。根据信息加工理论，如果发送信息的频率太高，学生大脑对收取的信息处理不迭，造成信息的遗漏、积压，导致信息处理的障碍；如果信息发送太慢，跟不上学生大脑处理的速度，既浪费时间，又使学生精力涣散。一般来说，难点与重点之处、逻辑性强的地方，其语速应慢些；而学生比较熟悉的或回顾已学的内容，其语速可快一些，这样才能做到有张有弛，疏密有致，并能顾及学生的反应。

（六）重音与停顿

重音就是根据表达课程内容的需要，为了突出主题、表达思想、抒发情感而对句中的某些词语加以突出强调的音，它是体现语句内容的重要手段。在上课时运用重音的目的在于显示词语的主次关系。重音处理和其他词语处理方式的区别，在于咬字的气量和气度方面。重音处理的关键在于选择好重音词。确定重音的主要根据在于讲课的目的，有助于学生的理解，引起学生的高度重视。重音的表现方法有加强音量、拖长音节、重音轻读、停顿强调。高校教师可以在教学中或对话不同情境中运用重音，实现教学需要。

停顿，也叫顿挫，是指讲话过程中为了达到某种效果而出现的话语短暂停歇。这是有声语言表情达意必不可少的手段。停顿，可以分为语法停顿、逻辑停顿、感情停顿三种基本类型。语法停顿使语言层次分明，语意明确。标点符号表示语法关系，同时也表示语音停顿。逻辑停顿使语言目的明确，表意充分。感情停顿使语言感情饱满，生命力强。停顿大体有如下五种情况：一是为了吸引学生注意力而停顿；二是为了加强逻辑性、层次性而停顿；三是为突出重点、难点而略加停顿；四是为强化高潮，使高潮进一步"升华"而停顿；五是表达音节停顿，如朗读诗词时的停顿。恰到好处的停顿，可使语句结构清楚、语意鲜明，可以增强语言的节奏感，加强语言的清晰度和表现力，还可以引起听众的注意和思考。如果停顿不当，就会使语句混乱，影响语意的表达，有时还会造成误解。

（七）音色与语言的弹性

音色是指声音的特色。高校教师的教学口语应该圆润、优美，富有韵味。嗓音嘶哑、咳声不断的声音，必然会影响教学内容的表达。在教学中，有的教师为了增强语言的生动性和形象性，或者为了表示某种特殊的思想感情，往往会改变自己的音色。比如，表示极度惊讶时，可用声带轻微振动或不振动的吸气声；对学生的回答进行否定时，可用委婉而善意的、带着笑声的音色。

语言弹性是指声音对于所表达的、流动着的、变化着的思想感情的适应与驾驭能力，它能加强口语的感染力。语音的变化与控制源于情感的变化与控制，这样就形成了语音的弹性。语音的弹性色彩从对比中体现出来，如明与暗、实与虚、刚与柔、粗与细、厚与薄、松与紧、连与断。

三、高校教师教学口语表达的原则

（1）讲练结合，理论指导实践。通过对发声要领的讲解和训练，培养口语表达的基本意识；通过对口头表达技巧的讲解和训练，提高口语表达的基本技巧；通过对思维和心理的讲解和训练，提高口语表达的基本能力。

（2）沉浸习得，循序渐进。任何技能的习得，都有一个模仿记忆的过程，口语表达能力的习得也一样，应当从语音的模仿开始，比如普通话的学习，而后的口语表达技巧训练更是需要内心的体会模仿。

（3）日积月累，贵在坚持。口语表达训练不是一朝一夕可以完成的，它甚至应该成为一个人终身的能力训练，因此，对口语表达能力的训练要有持之以恒的心理准备。日积月累，具体表现在我们不断地对自己或他人的口头表达进行听察、比较、鉴别、修正、运用。这样坚持不懈地训练必将会有提高。

第三节 高校教师发声技能及其训练技巧

发声，是语言形成过程中最复杂的阶段。在控制发音的大脑皮层中，说话的意向通过内部语言的排列组合，进一步变成了发声的动作信号，这一信号通过神经系统，迅速传递到各发声器官的肌肉，发声器官肌肉在大脑的指挥下，综合运作，使发音、说话成为可以感知的现实。高校教师在工作中几乎一刻都离不开声音，掌握科学的发声技能，能够促进教学技能水平的发挥。提升嗓音的吸引力，既有利于维护教师身心的健康，也有利于增强学生听课的注意力，还有利于表现高校教师的积极情绪和展示其风采。

就发声部位来说，肺是供给发音能源的主要器官。它呼气和吸气的动作主要受腹腔内的腹肌和横膈膜的控制。发音时声带先闭拢，由肺送来的气流在一定压力下冲开声门。气流通过声门以后，再经过咽腔、口腔或鼻腔等各共鸣腔体，从唇部或鼻孔发出我们所听到的声音。

人类无论是说话还是呼吸，无论是发乐音还是噪音，气流都要通过声带。说话时，声门闭合，从肺中呼出的气流冲击声带；呼吸时，声门大开，让气流畅通。

对高校教师而言，口头表达能力是最基本最重要的职业技能。要想使自己的语音准确、清晰、响亮、圆润，并具有一定的魅力，就需要进行相关的训练，以掌握用气发声、共鸣控制和吐字归音等发声技能。

一、呼吸控制和训练

呼吸是发声的动力。口语表达中的响亮度、力度、清晰度以及音色的甜润、优美、持久等，都主要取决于气息的控制和呼吸的方式。要想使声音能自如地表情达意，必须学会气息的控制与运用。

（一）气息基本状态训练

进行气息基本状态训练的目的是为了体会和掌握胸腹联合呼吸的基本动作要领，形成新的、符合发声要求的呼吸方式。气息基本状态训练主要是针对吸气、呼气、换气的训练。

1. 吸气训练

在心理状态方面，要精神饱满，心态积极。在身体状态方面，肌肉应相对放松，呼吸器官要舒展自如。具体要求：喉松鼻通，肩部放松，胸部稍前倾，头、颈之间取平视角度，小腹自然内收。有坐势和站势两种：坐势要坐在椅面前部。为避免躯干弯曲、力量松懈，不要“坐满臀”，不要用软椅或沙发。站势站成“丁字步”，双脚一虚一实，一个支点。

训练可分为三个步骤：第一，扩展两肋。双肩自然放松，双臂可自由活动，深吸气，扩展两肋，增大胸腔的前后左右径，从而使气的容量增大。第二，吸气要深。要有吸向肺底的感觉，此时横膈下降，体内积蓄较多的空气。膈肌锻炼可通过仰卧起坐、拉单杠、双杠举腿、坐在椅子前沿举腿等方法进行。第三，小腹内收。在吸气的同时，腹部肌肉应向小腹的中心（即丹田）位置收缩，气息集中到丹田，就是用小腹的收缩感觉控制气息。

2. 呼气训练

呼气控制是整个呼吸控制的重点。呼气的具体要求是平稳地、有控制、有变化地呼。

作呼气练习时心里应自然松弛，不能为了延长呼气时间而憋气、紧喉。

3. 换气练习

气息是语言的动力，因此需要在发声过程中及时进行补充。气息的补换是利用语音的停顿进行的。高校教师从事任何教学活动，都不可能一口气将所有要说的话全部讲完，中间需要不断地补气、换气，才能保持声音的饱满、圆润、从容和流畅，不至于气竭声绝。因此，还要作换气的训练。换气的基本要求：补气够用，换气到位，并根据需要灵活补气，多则多补，少则少补，不可千篇一律。

换气的基本方法：呼气发声时，小腹由收紧到逐渐放松，两肋则由上提张开到徐徐下移回缩，此时气流排出，冲击声带，发出声音；当需要吸气时，小腹一收，两肋一张，气流迅速由口腔或鼻孔充入，完成补气的过程。

(二)气息综合运用训练

1. 用下面的练习材料来体会气息的运用

豆豆是你养的小狗，3个月大。这天你从外面回到家里，妈妈正在厨房做饭……

①豆豆在屋里玩，你脱了外套，说："豆豆，你过来，我给你好吃的。"

②豆豆没在屋，你边找边喊："豆豆，豆豆……"

③豆豆经常到邻院去玩，你隔墙喊："豆豆，豆豆……"

④跑到院外忽远忽近地喊："豆豆，豆豆……"忽然看到远处的大河，心中马上有了不祥的预感，喊："豆豆，豆豆……"转身向家里跑，边跑边喊："妈妈，豆豆不见了。"

2. 用科学的方法反复练习

吸足一口气，停1～2秒钟，然后出声数数，吐字要清晰，轻重要均匀。看谁数的数能超过 30。达不到 30 要分析原因：是吸气不得要领，吸不足；还是控气不得要领，控不住。针对自己的不足反复练习。

二、共鸣控制和训练

发音体之间的共振现象叫共鸣。优美的声音，全靠有适宜的共鸣。共鸣是元音形成的基础，同时也影响着意义之外的声音色彩。恰当地使用共鸣，可以改善声音色彩，美化声音，使声音更富于表现力。通过练习，可以增加胸腔共鸣，改进口腔共鸣，适当利用鼻腔共鸣，帮助解决最常见的共鸣问题。

（一）口腔共鸣训练

口腔是人体可调节的最重要的共鸣腔，所有的字音都在这里形成，对语音的形成非常关键，好的口腔共鸣可以让字音圆润动听。

训练方法："ɑ"的延长音。单元音韵母"ɑ"是所有单韵母中开口最大的一个音节。在发音时，注意口腔的开合，保持口腔马蹄形。吸好气，缓缓发出"ɑ"的音，体会声音在口腔中的共鸣感。

（二）胸腔共鸣训练

胸腔共鸣可以增加声音的厚度，尤其是男生，如果胸腔共鸣比较好的话，声音会更加浑厚、结实、有力。这样的男声在朗诵时艺术感较强。

下列为胸腔共鸣训练方法。

（1）喊"威武"。古时候审案制度中，在审案时，现场的衙役要喝堂威，其中有一个就是我们常听到的"威——武——"。我们在练习胸腔共鸣时可以采取这个方式，首先从自己的自然音开始发音。接着越来越低、越来越低。这个练习可以体会气息下沉和胸腔共鸣。

(2)夸张上声。单发夸张上声，比如说“海”“好”“美”等，每个上声一定要完整地发出。

(三)鼻腔共鸣训练

鼻腔共鸣产生鼻辅音 m、n 和 ng。当鼻腔和口腔同时打开时，产生的是鼻化音，少量的元音鼻化可以使声音明亮。但要特别注意的是，过多的鼻化是我们在朗诵时候要避免的。

下列为鼻腔共鸣训练方式。

(1)轻度哼鸣。发出 ng 的音，哼鸣时使软腭后面的垂直部分震动并且打开鼻咽腔的下面部分。该练习可以和呼吸控制练习结合在一起完成。

(2)鼻辅音+元音：ma—mi—mu　na—ni—nu

(3)词语练习：妈妈、芒果、头脑、木讷、美满、南蛮

(四)解除鼻音训练

在朗诵过程中，有人可能会因为发音发法的问题鼻音过多，造成表达上面的不通畅。如果是这种情况，可以进行解除鼻音训练。

(1)软腭上提，口腔部位畅通无阻，鼻音的情况会消除。

(2)手捏住鼻孔，让鼻孔无法出气，发音过程中，只保留口腔的气流通畅，发“o”音体会。

(3)16 个鼻韵母中主要元音与鼻尾音做拆合练习。练习时，先发准元音，再发鼻音，然后合并来发。

a—n—an	a—ng—ang	e—n—en
i—a—n—ian	i—a—ng—iang	ü—n—ün
u—a—ng—uang		

三、口腔控制和训练

“吐字归音”是我国传统说唱理论中提及咬字方法时所用的

一个术语。发好每一个音节，掌握好吐字归音，是口腔控制的重要环节。

（一）吐字归音的要领

（1）字头出字。做到叼住弹出，部位准确；气息饱满，结实有力；短暂敏捷，干净利落。就是说，声母的发音要求成阻准确，除阻轻巧有力，既不能含糊不清咬不住字头，也不能为了清楚把字咬得太死。现代汉语中有部分“零声母音节”，它们的音节不以声母打头而直接由韵母开始，遇到这样的音节要格外注意，不能把两个音节读成一个，如“天安门”成了“天门”，中央台成了“转台”。没有声母的零声母音节，为了发音的清晰，防止“吃字”，开头的元音一定要有意识地发成带有一些摩擦的“半元音”，如通过“喉塞音”（声带先有意识地收紧再突然松开发声）发“ɑ、o、e”打头的零声母音节；发“i、u”打头的零声母音节时，舌高点收紧，气流通过时发出轻微的摩擦，从而防止“吃字”现象的发生。

（2）字腹立字。字腹在发音过程中直接关系到字音的正确、饱满。整个发音过程中字腹占的时间最长，因而一定要重视字腹发音时口腔的打开，做到拉开立起，气息均匀，音长声响，圆润饱满。立字可通过读复韵母音节来练习。

（3）字尾归音。归音专指音节发音的首位，既不可拖泥带水，也不可在归音过程中唇舌不到位。要求做到尾音轻短，干净利落，趋向鲜明。归音太松散，语气听起来就懈怠疏懒，显得俗气，但是归音太死又会显得造作笨拙，听起来不自然。

（4）吐字归音的总体控制。吐字归音的过程一般要求是一个“枣核形”的过程。所谓“枣核形”，就是要求字头字尾占的时间短些，好像是枣核的两端，字腹占的时间长，力量相对也强一些，好比枣核中间饱满的部分。要做到“两头小，中间大”，口腔开度由小到大、由闭到开，再由大到小、由开到闭。

（二）吐字归音训练

吐字归音准确干净是衡量高校教师口语表达能力的一个重

要方面。对吐字归音要求，人们一般用“字正腔圆”作衡量标准，为此，就要进行吐字归音训练。

1. 唇的训练

(1)喷：双唇紧闭，阻住气流，突然放开爆发出 b 和 p 音。

(2)撮：双唇紧闭，撮起(用力噘嘴)，嘴角后拉交替进行。

(3)撇：唇撮起用力向左、向右歪，交替进行。

(4)绕：双唇紧闭，撮起，左绕 360°，右绕 360°，交替进行。

(5)把嘴唇拢圆如发“u”状，再努力向两边展开，如发“i”状，反复练习。

(6)双唇紧闭，再分开，先慢后快。

(7)下唇向上齿迅速靠拢，再分开，由慢到快。

(8)用下面绕口令进行唇的训练。

白庙外一只白猫，白庙里有一顶白帽。白庙外的白猫看见了白帽，叼着白庙里的白帽跑出了白庙。

2. 舌的训练

(1)刮：舌尖抵下齿背，舌中纵线用力，用上门齿刮舌尖、舌面。

(2)弹：力量集中于舌尖，抵住上齿龈，阻住气流，突然打开，爆发“t”音。

(3)咳：咧唇，舌根抵软硬腭交界处，阻住气流，突然打开，爆发“g、k”音。

(4)顶：闭唇，用舌尖顶左右内颊，交替进行。

(5)绕：闭唇，用舌尖在唇齿间左右环绕，交替进行。

(6)立：整个舌体左右翻立，交替进行。

(7)发音：用短促的声音反复发“di—da”。

3. 打开口腔训练

按照要求，口腔的前后都应打开，上腭上抬，下颌放松，呈

“亡”状。这是通过“提颧肌、打牙关、挺软腭、松下巴”四个方面的练习来实现的。

4. 综合训练

这部分练习是用来体会和实现咬字器官对音节各部位的控制。具体要求:字头部位准确、弹动轻快;字腹拉开立起、圆润饱满;字尾干净利索、趋向鲜明。

(1)声母、韵母拼合练习。下面是普通话21个声母和韵母a(开)、i(齐)、u(合)、ü(撮)的拼合练习。第一要有一定力度,弹动轻快。第二要注意唇形,即唇形自然,开口度不要过大;齐齿音口形不要太扁、太窄;合口音不要噘唇;撮口音唇形不要太圆,只撮上唇两角。

开口:ba、pa、ma、fa、da、ta、na、la、ga、ka、ha、zha、cha、sha、za、ca、sa。

齐齿:bi、pi、mi、di、ti、ni、li、ji、qi、xi。

合口:bu、pu、mu、fu、du、tu、nu、lu、gu、ku、hu、zhu、chu、shu、ru、zu、cu、su。

撮口:nü、lü、ju、qu、xu。

综合:ba、bi、bu,pa、pi、pu,ma、mi、mu,fa、fu,da、di、du,ta、ti、tu,na、ni、nu,la、li、lu,ga、gu,ka、ku,ha、hua,jia、ji、ju,qia、qi、qu,xia、xi、xu,zha、zhu,cha、chu,sha、shu,ru,za、zu,ca、cu,sa、su。

(2)声母、韵母拆合练习。

b—a—ba　　p—a—pa
b—ai—bai　　p—ai—pai
b—an—ban　　p—an—pan
b—ang—bang　　p—an—pang

(3)用下面的词练习吐字归音。

精心　边疆　亮点　班房　畅谈　奔腾　诚恳　聘请　饭菜

海南　陪衬　宽广　慌乱　顺从　农村　群雄

扫描　镣铐

刷牙　纷飞　磨刀　道破　谋求　九州　衰败　排外　累赘

抓瞎　说话　跨过　决裂　灭绝　支撑　香槟　配对　波折

第四节　高校教师语调掌握技能及其训练技巧

一、语调技能

语调是语流中句子的停连、跌宕，声音的高低、轻重、强弱、快慢的表现形式，是口语特有的一种表达手段。在口语表达中，语调千变万化，具有丰富性和多样性，所起的作用主要是表达感情、区别意义。例如，“啊”这个词除表示惊疑或赞叹，随着不同的思想感情用不同的高低、长短、轻重语调说出，还可以表现出犹疑、坚定、悲哀、兴奋、轻松、沉重、冷漠、热情、向往、失望、愤恨等。另外，同一句话，由于语调不同，表达的意思也就不同。

在口语表达时，重视并运用语调的抑扬顿挫的变化，即使是抽象枯燥的内容也能讲得娓娓动听，牢牢吸引住听众；如果不善于运用语调变化，呆板平淡得很，即使是生动有趣的内容，也会讲得单调平淡，使听众昏昏欲睡。这就要求高校教师必须掌握驾驭语调的技能技巧，以便能淋漓尽致地表达思想感情，增强表达效果。语调的基本技能主要有停连、重音、快慢、升降。需要说明的是，语调作为口语的构成要素之一，其与节奏、语素、重音、停顿等有着密切关系，下文会在适当的地方进行一并阐述。

（一）停连

停连就是话语过程中的声音间断和延续，是有声语言表情达意必不可少的一种修辞手段。停，是停顿；连，是连接。停连在口语中具有十分重要的表情达意作用：保证语意清晰明确，不使听者产生误会；强调重点，加深印象；并列分合，使内容完整；造成转折呼应；体现思考判断，给听众的领悟提供依据和时间；造成意境，令人回味想象。

口语中的停连是为表达语句的意义和层次，表达思想和情感服务的，并不完全受标点符号的制约。没有标点符号的地方，有时需要停顿；有标点符号的地方，有时则要连接。

停连的位置，既决定于语言结构，也决定于表达内容的思想情感变化。于是，停连便可分为语法停连、逻辑停连和强调停连。

1. 语法停连

反映词语间的语法关系，显示语脉结构的停连叫语法停连。语法停连有如下三种情况。

(1)按标点符号停连

标点符号是书面语的重要表达手段，在口语中则需要用停连来显示。就停顿而言，停顿时间最长的是句号，其次是问号、感叹号、分号、逗号、顿号。省略号和破折号及段落要酌情而定。

(2)按句子成分停连

在没有标点符号的地方，要按词语间语法关系来停连。就停顿而言，一般主谓、述宾、修饰语与中心语之间都可以停顿。

(3)结构停连

结构停连是根据文章的层次、段落所作的停连。这种停连是内容的需要，听众可以据此理解、消化作品。就停顿而言，停顿的时间的长短，应视具体情况而定。一般情况下，结构停顿时间的长短是段落＞层次＞句子。

2. 逻辑停连

逻辑停连是指为准确表达语义、揭示语言内在联系而形成的语流中声音的中断和延续。逻辑停连是建立在语句的内涵与语义的基础上的，可以说是用来表情达意的无形的“标点符号”。常见的逻辑停连有并列性停连、照应性停连（正反对照或互相比较、显示前后呼应）。

3. 强调停连

为了强调某一事物或突出某种特殊感情所形成的语流声音的中断和延续，叫强调停连。表达强烈感情的强调停连，又可叫感情停连。

强调停连不受语法停连的限制，往往是根据表情达意的需要来决定停连的地方和停连的时间。

强调停连受内容感情的支配，它是建立在充分的内涵和饱满的真情实感的基础上的。要求声情不断，声断意连，以达到“此时无声胜有声”的效果。

总的来讲，停连的方法有以下三种。

(1)停而紧连，声断而气不断。语流声音出现极短的停顿，然后迅速衔接。

(2)声断意连。语流声音有短暂的空隙，但意念情绪不变，始终保持前后的连贯一致。

(3)停而缓连。语流声音有较大的空隙，但往往运用停前、停后的音节延长来填补空隙，使得声音若停若连，音断情续。

一般情况下，句子越长，内容越丰富，停顿就越多；反之就少。感情凝重深沉时，停顿较多；感情高昂欢快时，连多停少。停连的安排不仅要以内容和具体语句为依据，更要以思想感情的变化为前提。无论哪种停连，都应该体现出语意的微妙曲折，做到音断而意不断。

（二）重音

在口语实践中，找准重音，运用合适的力度表达的重音，可以突出语句重点，把语意表达得更加准确鲜明，感情表达更加充沛。重音位置的不同，可以表达出不同的潜在语意。

（三）快慢

语速的快慢是有声语言表情达意的重要手段。快，可表现急迫、紧张；慢，则可表现安闲、平静。快慢和谐，往往能够生动形象地再现生活场景和音响，烘托环境气氛，增强口语的表达效果。

语速的快慢要做到快而不乱，慢而不拖，快慢有致。另外，还要考虑交际对象，环境气氛，人物性格，作品的体裁、风格。

（四）升降

语调的升降指整个句子高低升降的语流变化。通过句调抑扬升降的变化，可以表达不同的语气，体现说话人喜怒哀乐的不同感情态度。语调的升降还分为几种情况：高升调、降抑调、平直调、曲折调。

(1)高升调大都由低到高，句尾语势上升，一般用来表达号召、鼓励、设问、反问、呼唤等语气。

(2)降抑调大都由高到低，句尾语势渐弱，一般用来表达肯定、坚信、赞叹、祝愿、祈使等语句。

(3)平直调起伏变化不大，末尾音节的升降不明显，一般用来表示庄严、平淡等语气。

(4)曲折调。句子语势有抑扬升降的曲折变化，呈波浪形，常用来表示讽刺、诙谐、滑稽、双关、踌躇、狡猾、厌烦等复杂的感情。

二、高校教师语调技能训练

进行语调技能训练的目的，是要使高校教师正确地掌握话语快慢、轻重、停连和抑扬的技巧，以增强话语的音乐美、节奏感和表现力。

(一)单项技能训练

1. 停顿训练

训练要求:掌握朗读停顿的几种方法,体会语义停顿的用法(注:"//""/"表示语义停顿)。朗读语段时,注意处理好语法停顿,并根据表情达意的需要,确定语义停顿的位置,注意练习停顿的方法。

2. 重音训练

重音位置不同,语意也会随之发生变化。重音一般可分为语法重音和强调重音两大类。语法重音是根据句子的内部语法关系而设置的重音,位置一般比较固定。强调重音是为突出强调某种主题或思想情感而设置的重音,没有固定的位置。它是根据话语具体内容和说话人的情感(或心理)变化来确定,如突出话语重点,表示对比、反对、比喻、夸张、排比等。从逻辑的角度来看,重音还可分为并列性重音、对比性重音、递进性重音、转折性重音、肯定性重音等。

显示重音的方法,或者加大音量或音势,使重音凸现;或者重音轻吐;或者拖长音节;或者前后停顿。下面我们进行一些训练。

训练要求:先读出下列句子中词语的语法重音,再读出下面语句中的语义重音,最后按要求朗读下篇诗文,注意重音的表现方法("黑体"为加强音,"斜体"为拖长音节,"下划线"为重音轻读)。

以下给出一则训练材料。

遵义会议//纠正了/在第五次"反围剿"斗争中所犯的"左倾机会主义"的严重错误,团结了/党和红军,使得/党中央和红军主力胜利地完成了长征,转到了/抗日的前沿阵地,执行了/抗日民族统一战线的新政策。

3. 语速训练

语速也就是快慢，是指说话或朗读时吐字发音的缓疾，以及每个音节的长短和音节之间连接的松紧。说话的速度是由说话人的感情来决定的，朗读的速度则与文章的思想内容密切相关。一般说来，平静、庄重、悲伤、沉重、追忆的内容速度慢一些，热烈、欢快、兴奋、紧张的内容速度快一些，而一般的叙述、解说、评述则用中速。语速还与说话人的心境有关，一般说来，在激动时（如快乐、急怒、慌乱），语速快，每个音节都短；在心境平静或沉重时（如从容、沉着、悲哀、失望），语速慢，每个音节也就比较长。

4. 抑扬训练

抑扬是指语句的高低升降。抑扬贯穿整个句子，只是在句末音节上表现得特别明显。抑扬根据表示的语气和感情态度不同，可分为升调、降调、平调、曲调。

升调训练例句：

这是他的外套？
同学们去春游了，你去不去？
先生，您是哪儿人？喜欢遵义吗？

降调训练例句：

白杨树实在是不平凡的，我赞美白杨树！
可爱的小鸟和善良的水手结成了朋友。

平调训练例句：

今天夜里到明天白天，多云转晴，最低温度18℃～25℃，东南风2级。

夕阳落山不久，远方的天空，还燃烧着一片橘红色的晚霞。

曲调训练例句：

别人在这儿找不到金子后便远远地离开，而我的“金子”是在这土地里，只有诚实的人用勤劳才能采集到。

可怜的虫子！这样盲目地爬行，什么时候才能爬到墙头呢？

（二）综合技能训练

人们在讲话时，停顿、语气、重读、语速几方面是综合运用的。例如，人们在急躁、愤怒、激动、兴奋时说的话，速度快、停顿时间短、声调高昂、音量大；人们在喜悦、惬意、悠闲时说的话，则速度慢、停顿时间长、声调低、音量也小；而当人们以平静的心情陈述、说明、议论时，则速度、停顿等都是适中的，高低强弱的变化也不太明显。语调的升降、快慢、停顿、重音是语言的表情成分，语调的抑扬顿挫既形成了语言的节奏感，同时又构成了语言的音乐美。变化丰富的语调犹如一条升降起伏落线，随着说话内容和说话者的情感起伏，构成了一幅幅活泼多变的语调图形，飘然入耳，掷地有声。要使口语达到这个境界，高校教师就必须进行语调综合练习。

请认真分析以下语段，体会作者的思想感情，然后用符号分别标出升降、快慢、停顿、重音，再朗读。

当今的时代，是探索的年代，竞争的年代，改革的年代，我们的时代要求人们顽强奋斗、勇于创造、毛遂自荐、敢于冒尖。我们欣喜地看到，一大批有理想、有抱负的青年，凝聚着自尊、自信、自强、自立的时代精神，在社会需要的时刻，挺身自立，接受挑选，并且在各自的岗位上做出了贡献。这种精神，不正是当今时代应该大力推广、大力提倡的“流行色”吗？

青年朋友们，我们肩负着历史的重托，是千里马，就应嘶风长鸣，是龙种，就应冲腾起舞。当今的世界有着千变万化的流行色，而只有这自尊、自信、自强、自立，才是我们精神世界的流行色。我们要争当出头鸟，竞作弄潮儿，把我们的青春、热血、大智大勇，自觉投入到新时代的大熔炉里去，在中华的第三次腾飞中发光发热。

第五节 高校教师的朗读、解说、演讲、辩论技能及其训练技巧

一、高校教师朗读技能及其训练

朗读不但有表情达意的功能，还体现出人们对完美语言的追求。朗读训练是高校教师口语训练的有机组成部分，是普通话正音的继续，是其他口语训练的开始，在高校教师口语实训中起到承上启下的桥梁作用。朗读训练是提高高校教师口语表达能力的有效方法。朗读者从准备朗读开始，直到有声语言的最终完成，始终保持着积极的思维状态。在分析、感受作品的过程中，典范的作品里，语脉的发展，层次的构成，文气的贯通，对朗读者的分析力、理解力、判断力等都是极好的锻炼。朗读训练，可以使朗读者储存大量的语料。高校教师在工作中所需要的口语表达，多数是边想边说，如果储存语料多，用时就会信手拈来，那种词不达意、半截“卡壳”的现象，就会大为减少。高校教师口语表达能力的提高，本无捷径可寻，但训练实践证明，只要在朗读训练阶段肯下苦功，把各种技能技巧真正学到手，就会很大程度缩减高校教师口语的训练时间，而且会少走弯路。

正确的朗读方式，可以给听者以美的享受，错误的朗读方式，只能给听者以虚假、厌烦之感。常见错误的朗读方式如念字式、念经式、八股式、演戏式、固定式等。

朗读使用的语言，必须是活生生的生活语言，但它又不等同于“拉家常”式的自然语言，它比自然语言更规范、更典型、更生动、更具美感。朗读使用的语言，过分夸张会给人以虚假的感觉，过分平淡则显得乏味，“不温不火”，才能做到恰到好处。普通话训练贯穿高校教师口语训练的全过程，朗读时必须使用普通话标准语音。朗读者的身份只能是朗读者自己，朗读者既不完全是文字作品的代表或化身，更不能充当演员去扮演作者或作品中的人物，当然，分角色朗读除外。朗读要忠实于原作品，做到不丢字，不添字，不改字，不错读字音。要读得连贯自然，不结巴，不重复。

（一）朗读技能技巧训练

从作品内容出发，从逻辑分析入手，深刻感受作品，抓住朗读四要素的训练方法，是掌握朗读技能技巧的有效途径。

1. 明确第一要素——掌握朗读内容

训练目标：通过朗读，学会分析作品，了解作品说的是什么；学会感受作品，使文字在心中“活”起来。

训练要领：第一，阅读作品。第二，理清作品脉络、结构。

2. 明确第二要素——确定朗读目的

训练目标：在充分了解作品内容、结构的基础上，学会怎样确定朗读目的及实现朗读目的的方法。

训练要领：第一，朗读目的是指朗读者“为什么”要读这种内容、这个主题思想的作品。第二，朗读目的中，作者和朗读者的态度感情有时是重合的。第三，实现朗读目的的根本在于朗读愿望。

3. 明确第三要素——分清朗读对象

训练目标：学会区别对待朗读对象，做到有的放矢；学会同朗读对象进行交流，以达到听读双方感情交融。

训练要领:第一,心中有朗读对象。第二,了解朗读对象,并区别对待。第三,与朗读对象交流。

4. 明确第四要素——掌握一般的朗读技巧

掌握一般的朗读技巧,主要是指能熟练运用各种语音技巧。光对作品有深刻理解仅仅是起点,还要善于传达,能熟练地将语音技巧,如停顿、重音、快慢、抑扬、节奏等运用到朗读中,将对文本的体验丰富而细腻地表现出来。当然,强调语音技巧,并不意味着追求"花哨",而应该根据内容的需要,选择以某种技巧为主、其余配合的方式进行朗读。

(二)各类作品的朗读训练

各类体裁作品的朗读有各自的特点,诗歌因为语言的凝练及跳跃性,在朗读时要注意诗意的表现;散文因为"形散神不散",读起来如行云流水。考虑到高校的教育内容,这里以诗歌为例进行说明。

诗歌的特点是意境深邃,想象丰富,韵律和谐,节奏鲜明。朗读时,必须注意这种体裁的特点。诗歌可分为格律诗(旧体诗)和自由诗(新诗)两类。格律诗语言凝练,朗读时要字字吐清楚。格律诗的音乐性很强,讲究韵律和平仄,读时音节舒缓,有的字音可适当拖长些更显其味。自由诗比起格律诗来,节奏不那么严整,稍自由一些。因而不能把格律诗的吟诵硬套在自由诗的朗读上,否则豪放不羁的特点就被抹杀了。

诗歌的语言具有跳跃性,朗读时要注意语速稍慢。另外,还要特别注意体会诗歌的意象,诗化的意境,需要用发自内心深处的、饱含真情的语音来表达。

二、高校教师解说技能及其训练

解说是利用有声语音对事物进行解释说明、介绍的一种表达方式。解说技能从某种程度上讲是高校教师教学的基本功,它可以帮助高校教师准确了解事物的性质、性状、功能,深入理解事理的奥妙、变化及发展的规律。所以,解说常见于教学释疑、展览讲解、知识介绍、导游、体育比赛转播等。

解说的目的是让听者"清楚""明了",所以,掌握解说技能除了要加强有声语言表达的诱导性和易受性,还要积累相关知识、具备敏锐的观察力和快捷的反应能力。

(一)解说的基本要求

(1)语言简洁形象。解说必须简明扼要地揭示事物的本质属性。因此,解说语言应简洁形象、准确明快、流畅高效,切忌枝枝蔓蔓,不得要领,还要注意在描述时形象真切,评议时画龙点睛。

(2)感情真挚饱满。解说时必须投入充沛的感情,因情赋声、以声传情、声情并茂,以真挚的感情调动学生的兴趣,引发他们的联想,使他们产生感情共鸣。

(3)重点突出,详略适宜。突出重点,必须要对所解说事物进行深入细致的了解、分析、观察、研究,能够做到融会贯通,烂熟于心。

(4)组织有条理。解说时,要有条不紊,由浅入深,由已知推向未知。这样,有助于听者充分认识事物、明白事理。

(5)表达讲究技巧。解说要善于通过语调来具体体现事物的形态和事理的脉络,可以利用停顿帮助听者理解,利用重音来强调、提示,利用语速营造节奏,增强表达效果。同时,要注意利用优美的姿态、灵活精要的词句。

(二)解说的方法

(1)下定义,抓框架。就是用概念、确定的内涵把事物的本质或关键表述出来。

(2)打比方,做描述。就是运用比喻、拟人、描摹、借代等修辞方法,对事物进行形象说明。

(3)抓特征,作比较,举例子。就是通过举例、分析、判断和归纳,对某一道理做符合逻辑的详细说明。

(4)分步骤,做列举,分类别。就是利用分条分项依次罗列,并逐一说明或通过明确概念外延进行说明的方法。

(5)做分解,列数字。就是把一个整体分解为若干方面、若干部分、若干阶段,从不同的角度做分析说明或利用数字证实的说明方法。

(6)趣说。就是用幽默风趣的语言去夸张、比喻,使单调、枯燥的内容变得形象、生动,使听众产生联想,在自由、轻松的气氛中接受知识和道理。

在实际使用当中,上述方法常常穿插运用:一种解说形式可以使用多种方法;一种方法也可用于多种解说形式。

三、高校教师演讲技能及其训练

演讲,也叫讲演或演说,是在特定环境中就某个问题说明事理、发表见解的说话方式,也是借助有声语言和态势语言表达思想感情的综合性的口语形式。演讲是一种既有实用价值又有审美价值的口语表达形式。演讲者要提出人们在生活和工作中最关心的问题并发表自己的见解,带给人启示,促成问题的解决。演讲同时又是语言的艺术,演讲者要以生动的语言、真挚的情感、恰当的态势感染听众。高校教师的讲课与演讲有很多的相同之处,应当具备高超的演讲技能。

演讲可大致分为即兴演讲和备稿演讲,其要求和训练方法有所不同。

(一)即兴演讲的训练

即兴演讲即在事先没有准备的情况下,靠临场发挥所做的演讲。这种方式要求高、难度大,其训练一般可从以下几个方面入手。第一,演讲者要在平时多注意别人的讲话或发言,在头脑中储存丰富的言语材料和思想素材。第二,演讲者要思维敏捷,善于当场拉话题,加以阐述和发挥。第三,注意时间,即兴演讲以短小精悍见长,因此演讲时要紧紧围绕一个中心,打好腹稿,这样才能有条不紊。

即兴演讲因其没有充足的时间进行准备,所以,必须快速构思。通常使用的几种快速构思方法有以下几种。

(1)散点连缀。在即兴演讲前进行选材构思,演讲者头脑中会出现很多散乱的"思维点",演讲时要捕捉住这些思维点,从中确定一个中心,并用它连缀这些点,把与主题无关的全部舍弃。当表达网络形成后,就可以开始讲话了。

(2)模式构思。以一定的逻辑模式作为构思的框架,使自己的思想表达既符合人们的认识规律,又能引起人们的兴趣。

美国公共演讲专家理查德归纳的"结构精选模式"就是一种较为实用的构思模式。他认为,演讲可分为四个步骤:

"喂,请注意!"是第一步。它提示我们,开头就要引起听众的兴趣。

"为什么要费这个口舌?"是第二步。指出听演讲的重要性。

"举例"是第三步。用具体的事例形象化地将一个个论点印入听众的脑海里。

"怎么办?"是第四步。具体地讲清大家该做些什么。

(3)扩句成篇。这是"立片言之居要"的即兴演讲技法。演讲时,开门见山地用直言肯定的句式提出自己的见解和主张,适当做几句阐发后,接着从正面、反面发展议论;或从"为什么""怎么做"发表议论,并以适当的事例、名言佐证,这样,就会成就一篇较好的即兴演讲。

(4)借题发挥。就是借现场之"题",如某种场合所显示的特点,包括议论焦点、观众心态、会场布置、有新意的插话等,抓住能够激发联想的闪光点,迅速确定题旨,边说边想,构成朴实自然的即兴演讲。

掌握即兴演讲的技能时要自信,培养即兴意识,平时也应注意积累知识、提高素养。

（二）备稿演讲的训练

备稿演讲是事先有准备，有讲稿而不照搬的一种演讲。演讲者首先要写好讲稿，组织好各种相关材料，选择好语句，安排好语速语调，然后上场演讲。演讲稿虽是演讲者个人的意见和观点，但要便于听众的理解。因此，演讲稿必须口语化。同时，还需注意结构严谨，感情要真挚，事例要新颖，语言要生动。

备稿演讲前，一定要熟悉演讲稿。熟悉演讲稿，不能只顾记忆而轻视思考。只有清晰的思考，才能产生清晰深刻的表达。演讲的内容只有经过深思熟虑，达到烂熟于心，才能讲得好。要在深刻思考的基础上科学地记忆演讲稿，可以采取提纲挈领法、高声朗读法、联想法等进行训练。反复试讲，可以使演讲中暴露出来的问题有效地加以克服。通过试讲，可以检查自己的吐字是否清楚、说话是否流畅、声音是否洪亮、语调节奏是否恰当。还可以检查自己的态势是否得体准确。此外，试讲还可以促使自己更加熟悉演讲内容，加深理解，培养情感，增强信心。进行试讲时，要大声、自若，像正式演讲一样；有条件的还可请人旁听，征求意见。这样经过反复试讲，就能使演讲达到较为理想的程度。

进行备稿演讲技能训练时应注意：第一，根据演讲的内容和感情变化的需要来确定演讲的语调，把握好演讲的语调节奏。第二，可以先从模仿开始，但要适度，既要学习别人，又要有自己的风格特色。第三，把握好演讲的感情基调，做到既统一和谐，又富有变化。

四、高校教师辩论技能及其训练

辩论是指彼此用一定理由来说明自己对事物或问题的见解，揭露对方的矛盾，以便取得最后的认识或共同的意见。辩论是培养高校教师良好口才的有效措施。我们知道，演讲、讲故事等是培养口语能力的重要形式，但这些形式都是建立在事先有充分准备的基础上的。即使临场作些发挥，一般也不会出现大的变化。而辩论具有现场表达机敏性的特点，它需要根据辩论过程中的实际情况，根据对方提出的观点和质询随机应答，这就需要更强的机敏性和更高的智慧。

按目的来分，辩论可分为应用辩论和赛场辩论两大类。应用辩论，即针对现实生活中某种特定需要而进行的辩论。多以分清现实生活中某一特定问题是非、曲直、真伪、优劣为目的。因此又称为专题辩论。赛场辩论，即以培养辩才，培养机辩能力为其目的。这种比赛是就某一特定的辩题，参赛双方展开激烈的辩论，以决胜负。

辩论是以阐述为基本表达方式的，而且具有“证”和“驳”两个方面。因此辩论的方法，实际上就是阐述的方法，就是证明和反驳的方法。同时除阐述的一般逻辑方法，辩论还有许多技巧法则。辩论的一般逻辑法则，就是要努力阐述自己观点的正确性，要犀利反驳对方的阐述并击中要害。

辩论中除采用一般的逻辑法则，为了加强辩驳的战斗力，还时常使用一些特殊的技法，这些技法主要有针锋相对法、比喻辩论法、以谬制谬法、以彼攻彼法、以退为进法、断后聚歼法、诱蛇出洞法等。

辩论无论是应用辩论还是赛场辩论，都应该严格遵守辩论的逻辑法则，掌握辩论的各项要求。这些要求即旗帜鲜明，分清辩题，论据充分，辩论要讲理、讲度、讲德。

辩论是语言的互动，所以必然要表现为语言的竞技。虽然语言技巧是辩论形式方面的因素，但它直接影响着内容的表达，体现着辩者对辩论内容的表达能力，所以具备并不断提高语言技巧，也是争取辩论胜利必不可少的条件。常用的语言技巧如排比增势、逐条反驳、比喻说理、激问反诘、巧作双关、反语相讥、利用歧义等。

第三章　改进课堂教学实践——高校教师教学设计研究

教学设计是对教师的课堂教学行为进行的事先准备和筹划，在这一过程中，需要对学生达成教学目标、表现出学业进步的条件和情境做出系统合理的安排。高校教师进行教学设计，对改进课堂教学实践有着非常重要的意义。本章将对教学设计的相关内容进行详细的研究。

第一节　教学设计的概念、层次及特点

一、教学设计的概念

（一）教学设计概念的发展演变

教学设计思想的形成和发展中，存在着以下五种交替的概念。

1."艺术过程"的概念

教学设计是一个艺术过程的概念，是受传统教学观影响产生的。这种概念认为，教学是一门艺术，教师是艺术家，其任务就是进行科学、合理、系统的教学设计。

教学设计过程中涉及的各种媒体材料，特别是电影、电视、幻灯片、照片、图表等，都是艺术表现形式，是为了在一定程度上提

高学生的学习兴趣。因此，拥有多种艺术表现形式的教学设计可以在某种程度上被看作是一个艺术创作的过程。

“艺术过程”的概念对教学设计带来的启示是，设计人员除了要具备专业的知识、老道的经验和资格，还应该具有一定的艺术素质，具有一定的创新能力。

2.“系统工程方法”的概念

系统方法从工程学中被引进并采纳到教学设计中，使教学设计不仅在理论上有了科学根据，也找到了科学设计运行的实际操作方法，即通过系统分析和不断测试提供的反馈信息来确保科学设计的教学达到预期效果。

3.“问题解决方法”的概念

随着教育的不断发展，教学设计方法和技术的日益丰富，教学设计开始变得复杂，主要表现在三个方面：一是教学设计的任务逐渐增多，二是教学设计的领域逐渐扩大，三是渐渐出现了专门负责教学设计的专业人员。这些专业的教学设计人员应用各种技术去改进原有的课程计划或建立新的专业计划或开发新的学习材料。在这个过程中，他们对于教学过程中出现的各种问题非常关注，认为只有在教学实践中找出教学的问题所在，才能对症下药，针对这些问题研究相应的解决手段。

4.“强调人的因素”的概念

教学设计任务的发展对教师和设计人员提出了越来越高的素质要求，而他们所具备的各种能力，如他们的事业心、教育价值观念、生活经验、合作的能力、写作能力和对教学方案教学产品的想象能力等也对教学设计的质量产生了重要影响。因此，在教学设计中一定要对人这一因素予以足够的重视和关注，抓好教师和设计人员的培养。

（二）教学设计概念的界定

从已经出版的教学设计著作和已发表的有关文章中，可以看出对教学设计概念的界定，不论是内涵还是外延都存在差别。归纳起来大致有如下一些说法。

1.“计划”说

“计划”说把教学设计界定为用系统的方法分析教学问题，研究解决问题途径，评价教学结果的计划过程或系统规划。

2.“技术”说

“技术”说认为教学设计是一种“旨在促进教学活动程序化、精确化和合理化的现代教学技术”。

3.“方法”说

“方法”说把教学设计看作是一种研究教学系统、教学过程和制订教学计划的系统方法。

4.“操作程序”说

“操作程序”说认为教学设计就是“运用系统方法和步骤，并对教学结果作出评价的一种计划过程与操作程序”。

5.“方案”说

“方案”说认为教学设计是运用系统方法分析教学问题和确定教学目标，建立解决方案、评价试行结果和对方案进行修改的过程。

综合以上观点，有学者对教学设计作出如下界定：教学设计是对教师课堂教学行为的一种事先筹划，是对学生达成教学目标、表现出学业进步的条件和情境作出的精心安排。教学设计的根本目的在于创设一个有效的教学系统。①

二、教学设计的层次

从不同的角度可以将教学设计划分为不同的层次，最中，最常见的是从以下两个角度来对教学设计的层次进行划分。

(一)从教学设计的发展过程进行划分

1. 以“产品”为中心的层次

教学设计最初的发展围绕的中心层次是“产品”，即把教学过程中需要使用的教学媒体、教学材料以及教学包等都当成产品来进行设计。

2. 以“课堂”为中心的层次

以“课堂”为中心的教学设计，其设计的主要范围是课堂教学，即所有的设计都围绕课堂展开。具体来讲，它是在已有的教学大纲和计划的指导下，以整个班级的学生为对象，在固定的教学设施和教学资源条件下进行教学设计。

3. 以“系统”为中心的层次

这里所提及的系统，指的是范围比较大且综合性很强的较为复杂的教学系统。这一层次的教学设计包含的内容很多，有系统目的、目标的确定，实现目标的方案的建立、试行和评价、修改等，因此设计的难度比较大。

(二)从教学设计的规模进行划分

从教学设计规模的角度，可以把教学设计分为宏观和微观两

① 盛群力．教学设计[M]．北京：高等教育出版社，2005：4.

个层次。规模大的项目如课程开发、培训方案的制定等属于宏观层次的教学设计；而对一门具体的课程、一个单元、一堂课甚至一个媒体材料的设计属于微观层次的教学设计。

三、教学设计的特点

（一）目的性和针对性

教学设计所创设的系统符合人工系统的一般特征，即具有明确的目的性和针对性。创设一个教学系统，是为了达成一定的教学目标，完成一定的教学任务。所以，评价一个教学设计是否有效，关键就在于依照这个设计方案所实施的教学是否有效率、有效果和有魅力。其中，有效率是指学习者所付出的时间、精力与得到的产出之间比例协调；有效果是指学习者能够达成学习目标，掌握学习任务；有魅力是指能够帮助学习者形成积极主动参与学习的热诚和可持续进步的动力。

此外，在进行教学设计时，需要根据不同的教学目标、不同的学生特点，设计合理的教学实施方案。因此，针对性也是教学设计的一个重要特点。

（二）系统性和创造性

教学设计是一个科学逻辑的过程，体现了教学设计工作的系统性。在进行教学设计时，需要在分析、论证所存在的教学问题的基础上设定目标，然后密切围绕既定目标设计教学的各个环节，从而保证“目标、策略、评价”三者的一致性。此外，教学设计要从教学系统的整体功能出发，综合考虑教师、学生、教材、媒体、评价等各个方面在教学中的地位与作用，使之相辅相成、互相促进，产生整体效应。

设计是一种创造，不是简单的“工匠活”。教学设计面对的是如何创设有效的教学系统，以培养学习者的综合能力与素养，这显然是一个“创生性”的问题。“创生性”问题的特征在于问题解决的合理答案可能有多个，而且找到某一个合理答案的方法途径又有多条。从这一视角看，教学设计为教师的创造性开辟了极大的空间。

（三）灵活性和统一性

教学设计虽然具有一定的模式，需要按照既定的流程进行，但教学设计的实际工作往往不一定按照流程图所表现的线性程序开展。有时候，没有必要或不可能完成所有的工作步骤。因此，在进行教学设计时，应根据不同的情况和要求，决定从何处着手工作，重点解决哪些环节的问题，省去一些不必要开展或无法开展的工作步骤，因地制宜地进行教学设计。

教学设计追求过程与结果的统一，作为过程的教学设计，体现为教师细致了解学习者的学习需要，明确学习的总体任务和具体要求，制定可行的教学目标与达标评估办法，选择恰当的教学策略、方法与媒体，落实教学组织方式，开展相应的教学活动和调整措施。作为结果的教学设计，体现为教师的教学工作载体，如课时活动方案、单元教学计划或者学期教学计划以及光盘、视频资料、PPT或者学习包等。教学设计的过程是指向一定结果的程序或者步骤；教学设计的结果则是体现一定过程的结晶。因此，教学设计的过程与结果密切联系，难以截然分开。

四、高校教学设计

（一）高校教学设计目前存在的弊端

当前填鸭式的教学方式依然是高校课堂中惯常使用的，基本上都是高校教师自己在讲台上通过电子课件进行教授，与大学生的互动交流是非常少的。这表明，当前我国高校的教学设计存在一些弊端，具体有以下两点。

第一，高校教师在课堂教学中依然以自己的教为主，并没有真正确立以大学生为主体的培养模式，这对于大学生的个性发展是非常不利的。

第二，不同于高中时期的教育，高校教育不仅要培养大学生的知识能力，也要培养大学生的团队合作精神和写作能力，显然在当前的高校教学设计中这些方面是有所欠缺的。

（二）高校新型的教学设计

1. 以调动大学生学习积极性为中心

造成当前我国高校教学现状的根本原因是高校的教学设计及教学方法是单向的，即单一地由高校教师讲授，没有学生反馈，没有形成一种交流改进的机制。因此，高校新型的教学设计必须以调动大学生的学习积极性为中心，让他们更多地参与到教学设计的各个环节中，从而提高他们的综合能力。

2. 案例引导和课堂设问两条主线相互促进

高校教师要想取得良好的教学效果，必须时刻站在学生的角度看待教学，用更为科学的方式组织教学，灵活地引导学生参与教学。因此，在进行教学设计时，既要注重案例引导，帮助学生更好地理解，也要注重课堂设问，增加与学生的互动。

3. 把握三个核心点

把握三个核心点是高校新型教学设计追求的目标，即让学生吃透重点、突破难点、解决关键点。

4. 做好四种结合

高校要培养的是21世纪全面发展的高科技人才，因此在高校教学设计中，要注意教学与科研的结合、课外与课内的结合、理论与实践的结合、高校教师与学生的结合。

第二节 学习者分析

一、学习者分析的目的和必要性

（一）学习者分析的目的

学习者分析是为了了解学习者的学习准备情况及其学习风格，为学习内容的选择和组织、学习目标的阐明、教学活动的设计、教学方法与媒体的选用等提供依据，从而使教学真正促进学习者智力和能力的发展。

（二）学习者分析的必要性

在教学设计中，学习者分析是非常重要的一个步骤。教学设计的一切活动都是为了学习者的学，而且教学目标是否实现，要在学习者的学习活动中体现出来。此外，作为学习活动主体的学习者在学习过程中又是以自己的特点为基础来进行学习的。因此，要取得教学设计的成功，必须重视对学习者的分析。

二、学习者分析的内容

（一）学习者的认知特征分析

1. 认知水平

受生理、心理、社会文化等因素的影响，学习者个体之间既表现出一些共性的、稳定性的特征，又表现出多样化的差异。不同年龄学习者的认知发展水平不同，同一年龄段的学习者在认知结构、学习风格、学习动力等方面也会表现出诸多的差异性。因此，分析学习者时，要充分考虑到其认知水平的差异。

2. 认知风格

学习者的认知风格也称认知方式、认知模式或学习风格，是指个体在信息加工过程中表现在认知组织和认知功能方面持久一贯的特有风格。它既包括个体知觉、记忆、思维等认知过程方面的差异，又包括个体态度、动机等人格形成和认知能力与认知功能方面的差异。对于教学设计来说，对学习者的认知风格进行分析是基于这样一个假说：当教学策略和方法与学习者的思考或学习风格相匹配时，学习者将会获得更大的成功。因此，认知风格的分析被认为是有效教学设计的重要步骤。此外，了解学生在认知风格和方式上的差异，对于教师根据学生特点的进行因材施教有重要意义。

3. 智力

智力是指人认识、理解客观事物并运用知识、经验等解决问题的能力，包括记忆力、观察力、想象力、思维力、判断力等。智力不是天生的，教育和教学对智力的发展起着主导作用。教育和教学不但使学生获得前人的知识经验，而且促进学生心理能力的发展。因此，智力也成为教学设计中学习者分析的一项重要内容。近几十年来，西方心理学在人的智力模型研究方面取得了长足的进展，其中以加德纳的多元智能理论与斯腾伯格的成功智力理论影响最为广泛。考虑到我国传统教育重知识传授、轻智慧培养的弊端，教育教学中如何发展学生的个性，使拥有不同天资和强项的学生都能够得到最适合其自身特质的发展，成为一个重要的课题。而多元智能理论和成功智力理论从个体差异而非智力高低出发，为教学设计及实施提供了重要的理论支持。

4. 自我调节能力

自我调节是个体心理能动性的重要表现，是心理的整体功能，它是多维度、多层次的心理活动系统，也是社会认知学习中的一个重要概念。在学习活动中，自我调节的元认知实质上是一种反馈活动，它对个体的学习有着重要的意义。

人的学习实际是接受、传递知识信息的自控系统运动，在学习活动中，学习者的自我调节能力是关系到学习效果的重要能力，也是学习者分析的重要维度。

（二）学习者的初始能力分析

学习者的初始能力分析包括以下三个方面的内容。

1. 对学习者预备技能的分析

了解学习者是否具备了进行新的学习所必须掌握的知识与技能，这是开展新学习的基础。

预备技能是学生在学习某一特定的学科内容之前，已经掌握的与这门学科有关的知识与技能，以及他们对这些学习内容的认识和态度的总和。了解学生的预备技能，能够确定正确的教学起点。确定了学生的预备技能以后，就可以对经过学习内容分析以后选择的学习内容进行必要的调整，补充学生尚未掌握的预备技能，删除他们已经掌握的部分目标技能。除此之外，还有助于教师正确地选择教学方法和教学媒体。

2. 对学习者目标技能的分析

分析学习者的目标技能，是为了了解学习者是否已经掌握或部分掌握了教学目标中要求学会的知识与技能。如已掌握了部分目标技能，说明这部分内容的教学没必要进行。由此可知，对学习者目标技能的分析有助于在确定教学内容方面做到详略得当。

3. 对学习者学习态度的分析

对学习者学习态度的分析是分析学习者初始能力的一项重

要内容,主要是看学习者在学习过程中是否存在偏爱或者不喜欢的情况,如果发现有,那么就需要运用恰当的方式及早地进行纠正,端正学习者的态度,使其更好地进行下一阶段的学习。

初始能力的分析与学习内容的分析密切相关,如果不对学习者初始能力的分析加以重视,学习内容分析就会脱离实际,或将学习起点定得过高,使教学脱离大多数学习者的实际水平,无法实现教学目标;或低估学习者已有的知识与技能的基础,在不必要的内容分析或不必要的教学活动上浪费精力与时间。

对于大学生这一特殊学习者的角色分析在第五章中有具体阐述,这里不再赘述。

第三节　教学目标与教学内容设计

一、教学目标的设计

(一)教学目标的概念

教学目标来源于教学的一般目的,教学的一般目的作为统贯教学活动全局的一种指导思想,是教学领域里为实现教育的总目的而提出的一种概括性的总体要求。它所把握的是各个教育阶段、各科教学的发展趋势和总方向。但教学的一般目的只是对教学活动的一种原则性的规定,对于复杂的教学活动来说,只有一个笼统的原则性规定是不够的,还要求把这些总要求落实到整个教学活动的各个具体部分和环节(包括某一学科、某一阶段、某一节课等)中。这些被落实到教学活动的各个具体部分中的具体规定,就是我们所说的教学目标。也就是说,教学目标是进一步具体化了的教学的一般目的,是教学活动的主体在具体的教学活动中所要达到的预期结果和标准。

(二)教学目标设计的要求

一般来说,教学目标的设计要符合下列几个要求。

1. 教学目标设计要有科学性

教学目标的设计要具有一定的科学性,特别是对于认知领域的教学目标的设计,更要严谨科学。首先,要根据学生认识能力的发展顺序和认识顺序来设计有助于学生形成科学的知识结构的教学目标;其次,教学目标的设计要突出教材的重点,帮助学生突破难点,抓住关键。

2. 教学目标设计要有系统性

教育目标的系统性特征要求用系统的方法来设计教学目标,它包含两层含义:第一,教学目标的设计要考虑整个教学目标横向和纵向的联系;第二,教学目标的设计要综合考虑和分析教学系统的各要素。

3. 教学目标设计要有具体性

这是指教学目标的表述要明确、具体,避免含混不清和不切实际。具体、明确的教学目标能使学生把握"要学什么"和"学得怎样",能使教师的教和学生的学都具有明确的目标,有助于提高学生的学习成绩。

(三)教学目标的表述

教学目标的表述是教学目标设计的最后一步,也是很关键的一步,它直接关系到教学目标的实现。教学目标的表述方法多种多样,且技巧性很强,下面具体介绍表述教学目标时需要注意的问题和常用的表述方法。

1. 表述教学目标的具体要求

教学目标的表述,要注意以下几个具体要求。

第一，教学目标的表述一定是非常明确的，不能是含糊不清的。

第二，除了教学目标的表述是明确的，用于评价和检查教学效果的具体目标也必须是具体的而不能是抽象的。

第三，教学目标的行为主体一定是学生，教师或者教育工作者不能成为教学目标的行为主体。

第四，教学目标只能用教学活动的结果而不能用教学活动的过程或手段来表述。

2. 表述教学目标的常用方法

(1)行为目标的表述方法

行为目标是指以具体的、可操作的、可观测的行为的形式来陈述的教学目标，它指明了教学活动后学生应发生的行为变化。行为目标的表述方法一般包括四个要素：行为主体（Audience）、行为本身（Behavior）、行为条件（Condition）和表现程度（Degree），因而以行为目标表述教学目标的方法又可以简称 ABCD 模式。

(2)表现性目标的表述方法

表现性目标是在批判行为目标的过程中提出的一种教学目标形式，它是指学生在从事某种活动后所得到的结果，注重的是学生在活动中表现出来的、首创的反应形式，而不是事先规定的结果。表现性目标是开放性的，它只为学生提供活动的领域和主题，而不是预先规定学生在完成活动后必须获得某种行为；它不要求学生做出统一的、一致的行为反应，而是关注学生表现行为的个人性、多元性。由此可见，与强调统一性的行为目标不同，表现性目标强调的是教学目标的独特性和首创性。

表现性目标的特点决定了在表述教学目标时，不应表述学生完成某项活动后的行为结果，而要表述学生所经历的情境。

(3)内部过程与外显行为相结合的表述方法

从学习的实质来看，其比较注重的是学生在内里发生的心理变化，所以教育的真正目的并不是要看学生外在的具体行为的变化，而是主要关注其内在能力以及情感的变化。这些内在能力以及情感的变化属于情感领域的教学目标，虽然对它们的表述也可以运用行为目标的表述方法，但是其结果是不容易被直接观测到的。因此，有一些学者针对这种情况提出了一种折中的表述方法，即外显过程与外显行为相结合的表述方法。

这种方法强调目标表述不能忽视情感领域或其他领域的高层次教学目标，而且在涉及类似的目标表述时应该分为两个层次来表述，即第一个层次表述心理内部过程，第二个层次表述外显行为。

（四）高校教学目标的设计

高校教学目标设计目前存在一些明显的问题，具体如下。

首先，高校教师对待教学目标的态度不端正，教学目标的设计有明显的形式化特点。不少高校教师认为教学目标只是一种形式主义，是为了敷衍学校检查，因而在设计教学目标的过程中没有具体分析高校学生的学情状况，而是随意从参考书上，或者是通过互联网技术拷贝他人已有的成果。这是一种不负责任的表现，高校一定要注重这种情况，及时改善。

其次，高校教师设计的教学目标内容空洞，过于抽象。对于这种情况，高校需要开展专门培训，提高高校教师对于教学目标的把控能力。

最后，高校教师制定教学目标缺乏科学方法论指导，很容易造成与本学科内容脱节的情况。为解决这一问题，高校教师要多多学习，提高自己在教学目标设计方面的能力。

二、教学内容的设计

（一）教学内容的概念

教学内容是学校传授给学生的知识、技能、技巧、思想、观点、信念、言语、行为和习惯的总和。教学内容作为师生活动的共同客体，是根据教学目标来确定的。选择、分析和组织教学内容是教学设计的一项重要工作，它对于教师改进教学、提高教学效率有着深远的意义。

(二)教学内容的构成

教学内容主要由以下几方面构成。

1. 知识教学内容

知识教学内容是教学内容的主体，它主要包括两个方面，即基础知识和社会自然知识。基础知识的内容因学科的不同而有所不同，如语文基础知识包括语音、文字、词汇和写作等，而数学、物理和化学的基础知识则包括定理、定义、公式和概念等。社会自然知识比较广泛，大到宏观世界，小到微观世界的各种人文和自然知识都属于社会自然知识的范畴。

2. 思想教学内容

思想教学内容作为教学内容的重要组成部分，包括以下几方面：一是政治教学内容，即热爱党、热爱国家、热爱人民等；二是思想教学内容，包括辩证唯物主义的立场、观点、方法和启蒙教育，树立正确的世界观、人生观等；三是道德教学内容，包括热爱集体、热爱劳动和劳动人民、助人为乐等；四是心理品质教学内容，包括培养良好的兴趣、爱好、意志和情操等。

3. 智能教学内容

智能教学内容是教学内容的重要组成部分，包括发展智力和培养技能两个方面的内容。智力是指各种学习活动都必须培养的诸如注意力、记忆力、观察力、想象力、思维力等。技能是指在学习活动中培养的各种能力，如语文教学培养说话、朗读、复述、写作等能力；数学教学培养记忆、理解、推理、运算等能力；物理和化学教学培养学生的实际操作能力等。

4. 审美教学内容

审美教学内容主要是为提高学生感受美的能力、培养学生鉴赏美的能力,以及形成学生创造美的能力而组织的教学内容。以语文教学为例,它可以体现在文章的题材美、语言的形式美、人物的思想行为美等多个方面。

以上四个方面的教学内容是相互融合、彼此渗透和有机结合的。尽管教师在备课时可能会将它们分别列出,但它们在课堂教学中应该是融为一体、不可分割的。

(三)教学内容的组织

1. 教学内容的宏观组织

教学内容的宏观组织是在课程层面上对教学内容的组织,在实践中应注意处理好以下几方面的关系。

(1)分科课程与综合课程互相补充

分科课程是指单学科式的课程,它以学术领域中的学科分类为基础,强调不同学科间的相对独立性和内在逻辑体系的完整性。而综合课程是以一定的方式将两门或两门以上的传统的分科课程整合成一门课程,或者注重传统的分科课程之间的相互联系,如将传统的历史、地理等合并成"社会"学科。

人类文化所具有的分化和综合的趋势,决定了分科课程和综合课程存在的必然性和合理性。同样,在教学内容的宏观组织中,应该考虑两者的相互补充,弥补双方的不足。

(2)学科课程与活动课程互相补充

学科课程是以文化知识为基础,按照一定的价值标准,从不同的知识领域选择一定的内容,根据知识的逻辑体系,将所选出的知识组织而成的课程。活动课程是与学科课程相对的课程形式,又称"经验课程",它主张打破学科逻辑组织的界限,以学生的兴趣、需要和能力为基础，通过学生自己组织的一系列活动而实施的课程。

在教学内容的宏观组织中，应该将学科课程和活动课程结合起来，充分发挥两者的优势，互相补充、互相促进。

(3)微型课程与长期课程互相补充

微型课程是指一种容量很小的课程，它一般是作为短期的选修课程，建立在教师和学生兴趣的基础上，强调深度而不强调广度的课程。而长期课程则一般是指容量较大的、持续时间较长(至少为一个学年)的课程。

微型课程与长期课程相比，在课程安排上形式更加多样，它不仅考虑到学生的兴趣，而且更注意对学生能力的培养。在提倡教学内容现代化的今天，以学校长期课程为主，适时安排一些微型课程，发挥两者在培养学生上的优势，不失为教学内容组织的良策。

(4)显性课程与隐性课程互相补充

按照课程是否有明确的计划，大致可以将课程分为显性课程和隐性课程两类。显性课程是有明确计划的课程，如安排在课程计划中的语文、数学、物理、化学等各门学科。隐性课程又称潜在课程，它以潜在性和非预期性为主要特征，一般不在课程规划中反映，不通过正式的教学进行，通常体现在学校和班级的情境中，包括物质情境、文化环境、人际关系情境等。因此，它对学生的影响是潜移默化的。

显性课程与隐性课程有各自不同的优势，为了使学生得到全面的发展，实现教学目标，在教学内容组织的过程中就应该促进两者的协调发展。

(5)核心课程与外围课程互相补充

根据课程在整个课程体系中的地位，课程又可分为核心课程和外围课程两类。核心课程是所有学生都必须掌握的共同学习的内容，而外围课程一般是为不同的学生准备的，以学生存在的差异为出发点的课程，它往往以选修课程的形式开设。在组织教学内容时，也应该考虑两者的结合。

2. 教学内容的微观组织

从微观的教学活动层次上看,教学内容的组织同样是一项复杂的工作。具体来说,在教学内容组织的微观层面上,应该注意处理好以下关系。

(1)直线式与螺旋式的统一

教学内容组织有直线式和螺旋式两种基本方式。所谓直线式是指将一门课程的内容组织成一条在逻辑上前后相联系的直线,前后内容基本上不重复。所谓螺旋式是指在不同阶段上重复出现特定的教学内容,但逐渐扩大范围和加深程度,使之"螺旋式"上升。

直线式的教学内容组织方式能够较完整地反映一门学科的逻辑体系,避免教学内容不必要的重复,但不能很好地体现学生心理发展的特点。螺旋式的教学内容组织方式可以弥补这一不足,使学生对知识的掌握逐步加深,但容易造成教学内容的臃肿和不必要的重复。因此,在教学内容的组织上,将直线式和螺旋式的组织方式结合起来,可以弥补彼此的不足,发挥各自的优势。

(2)逻辑顺序与心理顺序的统一

教学内容的微观组织既要考虑逻辑顺序,又要考虑心理顺序。所谓逻辑顺序是指学科知识本身的系统和内在的逻辑联系。在学科知识的有序体系中,各个部分的知识之间有其先后顺序,一个部分的内容是另一个部分内容的基础,学生必须在理解、掌握了一个部分的内容后,才能在此基础上理解和掌握另一个部分的内容。因此,教学内容的微观组织必须考虑逻辑。

由于学生的心理发展和心理活动也是有顺序的,即从简单到复杂、从低级到高级。因此,在组织教学内容时,还要充分考虑到学生的心理顺序。只有这样,教学内容才能真正被学生所理解和掌握。

(3)纵向组织与横向组织的统一

教学内容的纵向组织是指按照一定的准则,以先后顺序排列教学内容。例如，大教育家夸美纽斯曾经指出，教学内容应该按照由简到繁的顺序安排。教学内容的横向组织是指打破学科界限和传统的知识体系，以便学生更好地将各门学科知识联系起来。虽然人类文化被分为不同的学科，但是每一学科间还是存在不可分割的联系。因此，在教学内容组织的微观层面，提倡教学内容的纵向组织与横向组织的统一，既可以反映客观世界的真实性，也可以反映它的整体性，有助于学生多方位地把握教学内容。

(四)高校教学内容的设计

当前高校教学内容的设计存在两个问题：首先，教学内容的设计没有创新，内容陈旧，知识的更新速度很慢；其次，教学内容的设计无法满足高校的发展需求，不适合大学生的实际情况。

要解决上述问题，高校教学内容的设计要紧跟时代的潮流，陈旧的、没用的教学内容应该摈弃，同时，高校教师要站在学科前沿，为学生提供有价值的教学内容。此外，高校教师在设计教学内容时，需要了解自己的学生到底需要什么、基础怎么样，以避免所设计的教学内容与学生的基本认知存在巨大的差距。

第四节 教学过程与教学媒体设计

一、教学过程的设计

(一)教学过程设计的内容

教学过程设计是一个复杂的过程，需要考虑多方面的因素。优质的教学过程能引导学生有目的、有计划地掌握系统的知识和技能，开发学生的智力，培养学生的能力。教师在设计教学过程时，应包括以下几方面的内容。

1. 课堂教学结构设计

新课讲授可以按时间序列划分为课的开始、课的中心和课的结尾,并从这三部分着手设计课堂教学结构。课的开始部分,重要的是向学生明确一节课的学习目标和学习要求,使他们做好知识和心理上的准备。课的中心部分是一节课的核心,课的教学目标的完成和教学质量的高低关键在这部分。在课的结尾部分,要使学生对学到的知识归纳、概括,重点强化,以加深理解和记忆。

2. 导入设计

好的开始是成功的一半。良好的导入能吸引学生的注意,激发学生的学习兴趣,在学生头脑中建立良好的第一印象,为新知识的学习做好准备。导入的方法非常多,如引用故事导入法、运用社会热点导入法、视频播放导入法等。教师可以根据教学内容的需要和学生的实际情况来选择适当的导入方法。

3. 问题设计

一个有意义的问题将对教学效果起到事半功倍的作用。在课堂教学中,创设多种问题情境,可以调动学生的学习积极性,使课堂教学高潮迭起。

4. 小结设计

一堂好课既要有一个好的开头,也要有一个好的结尾。课堂小结总结的好坏,是一堂课成功与否的重要影响因素。课堂小结方法多种多样,精彩的课堂小结能有效地帮助学生系统地掌握知识。

5. 课堂练习和作业设计

布置作业是课堂教学的继续,是学生巩固新学知识和教师反馈教学信息、改进教学的重要手段。课堂练习和作业设计要符合课程标准的内容范围和学习要求，要紧密配合上课内容，难度适当。

6. 板书设计

课堂教学的板书是教师教学思维的文字表达形式，它既可以弥补语言表达的不足，又可达到形象直观的效果。好的教学板书应具有科学性、直观性和艺术性，因此教学板书设计要做到目的明确、重点突出、条理清晰、布局合理、形象直观。

（二）不同目标领域的教学过程设计

根据不同的目标领域设计合理的教学过程，有助于提高学生的学习效果。以下列举近代课堂教学研究中对认知领域、动作技能领域和情感领域典型模式的教学过程设计的一般流程。

1. 认知领域

该领域的教学过程设计一般包括引起学习动机，使学生做好心理准备；感知、理解教学内容，指导学生领会知识；复习强化教学内容，指导学生巩固知识；多方运用教材，指导学生应用知识；检查评定，检测学习效果。

2. 动作技能领域

该领域的教学过程设计一般包括讲解示范、指导方法，使学生形成动作映像；从旁指导，学生独立练习；提供反复练习机会，指导学生由技能提升到技巧；及时评价，指导学生强化矫正。

3. 情感领域

该领域的教学过程设计一般包括形成正确舆论、良好氛围，建立约束机制，使学生顺从教师要求；晓之以理，动之以情，使学生表示认同；启发自觉，诱发价值观念矛盾冲突，指导学生内化；组织多种活动，强化积极体验，评价优良行为，指导学生正确价值观的外化。

教师在进行教学过程设计时，可根据需要调整教材内容的顺序、对教学内容进行删减或替换，以更符合学生的学习心理特点，提高教学效果。

（三）高校教学过程设计的要求

第一，大学生具有不同的认知特点，知识背景也不尽相同，而且他们正处于青春期，个性迥异。高校教师要格外关注大学生的这些特点，对其进行全面深入的了解。

第二，兴趣是最好的老师，大学生的兴趣多样，高校教师一定要将其学习兴趣调动起来，提高他们的学习兴趣。

第三，教学过程设计要选择贴切的内容。要在合适的时间选取合适的教学内容以实现教学目标，与教学目标关系不大的要删除、去掉。另外，要注意内容的选择应在学生的最近发展区内。

第四，教学过程的时间分配要合理。教学是在有限的时间里进行的，学生的注意力集中的规律也是因年龄而不同的。因此，合理安排教学环节的时间，会使教学设计在执行中得到保证，会使教学目标得以顺利实现。

二、教学媒体的设计

（一）教学媒体的概念

媒体是指信息的载体和传递信息的工具。当媒体直接加入教学活动，在教学过程中传输有关的教学信息时，便成为教学媒体。现代媒体能够同时获取、处理、编辑、存储、展示包括文字、图形、声音、动画等不同形态的信息，它进入课堂，超越了教育、教学的传统视野，使课堂冲破了时空限制，丰富了教学内容，增加了教学的密度和容量，还能创造出使知识、学问来源多样化的文化教育环境，为学生个性、素质的发展提供了无限广阔的天地。

(二)教学媒体的分类

随着科学技术的发展,教学媒体的种类越来越多。为了快速、有效地选择教学媒体,有必要对它们从各个角度加以分类。

1. 单通道知觉媒体和多通道知觉媒体

单通道知觉媒体指仅可借某一感官来接受信息的媒体,如挂图、幻灯片。多通道知觉媒体指可以同时利用两种或更多感官来接收信息的媒体,如电影、电脑。

2. 单向传播媒体和双向传播媒体

单向传播媒体指学生无法及时向信息源反馈信息以影响信息源后续输出的媒体,如广播。双向传播媒体指可使信息源根据学生的即时反馈及时调整后续输出,构成交互作用系统的媒体,如计算机辅助教学系统。

3. 真实信息媒体、模拟信息媒体和符号信息媒体

真实信息媒体指实物、标本等。模拟信息媒体指图片、模型、计算机模拟等。符号信息媒体指教科书、图表、图示等。

4. 远距离教学媒体、课堂教学媒体和个别化教学媒体

远距离教学媒体指不受空间限制的媒体;课堂教学媒体指供一个班级同时分享信息的媒体;个别化教学媒体指在特定时间内只供一个学生享用信息的媒体。

(三)高校教学媒体的选择

在高校教学设计中,教学媒体的选择是非常重要的部分。下面将对高校教学媒体选择的原则、依据进行阐述。

1. 高校教学媒体选择的原则

(1)目的性

目的性原则是指选择教学媒体一定要以有效支持根据教学目标和教学内容选定的教学方法为目的。

(2)针对性

针对性原则指的是在选择教学媒体时,一定要了解学生的具体情况,选择那些符合学生认知水平并且可以较为轻易地引起学生学习兴趣的媒体。

(3)发展性

发展性原则是指选用教学媒体时,不仅要考虑到其是否可以较为顺利地完成教学目标,而且要从学生的角度出发,看看教学媒体的选择是否有利于促进学生个体的全面发展。

(4)适当运用图形和图表

在教学信息呈现中,适当利用图形和图表能使学生更容易理解教学内容。这里所说的图形和图表包括照片、原理图、示意图、直方图和表格等。

(5)适当运用声音信息

适当运用声音信息是指利用语音或其他自然声响呈现学习的内容,以平衡视觉和听觉通道。对有的学习内容来说,声音信息有着不可替代的作用。

(6)适当运用视频

适当运用视频是指对那些需要示范或需要了解事件发生场景的学习内容,适当运用视频呈现,可以减少语言描述的繁琐,弥补学生亲身经历的不足。尤其是在创设学习情境方面,视频有着不可替代的作用。

2. 高校教学媒体选择的依据

教学媒体的选择,主要依据以下几个因素。

(1)教学目标

每堂课都有每堂课的教学目标。在课堂教学过程中,为了达到教学目标的要求,教师在课堂教学设计中就必须依据教学目标选择适当的教学媒体。例如,要学习事实性的信息,可选择范作、模型等实物演示的教学媒体;要学习某种动作技能,可选择电影、电视等教学媒体。

(2)教学内容

教学内容不同,所选择的教学媒体就不同。对于认知类的学习内容,可以选择动画、图片等教学媒体。对于情感类的教学内容,可以选择电视、多媒体课件等表现手法多样、艺术性和感染力强的媒体。对于技能训练类的教学内容,可以选择电视、电影等媒体。

(3)媒体特性

每种教学媒体都有不同的特性和功能,各种教学媒体在色彩、立体感、运动表现、声音表达、可控性、反馈机制等方面也是不同的。因此,选择教学媒体时,教学设计者应考虑教学媒体呈现教学信息的功能和能力,使教学媒体能够发挥最大的教学效益。

(4)媒体的易获得性

在实际的教学过程中,如果选择的教学媒体不能获得,则所选择的教学媒体再有效也是不切合实际的。但是,也不能因为某种教学媒体容易获得就经常使用。

(5)使用者的媒体操作技能

教学媒体最终是要在课堂上使用的,如果使用者操作不了教学媒体,则教学媒体再有效也发挥不了作用。因此,选择教学媒体时应该考虑使用者对该教学媒体的利用能力,如果使用者对教学媒体的操作利用能力强,则可以选择一些功能较全的、价格较贵的、操作较复杂的教学媒体,否则应选择一些操作简单的教学媒体。

(6)媒体的成本

选择教学媒体时除了要考虑上面的五个因素,还要考虑教学媒体的成本问题。要优先选择那些既能达到最佳教学效果又容易获得,使用者能操作且成本低的教学媒体。

需要说明的是,不存在“万能媒体”。各种教学媒体都有它自己的特性和功能,没有一种教学媒体能够适应所有的教学内容和教学对象。因此,选择教学媒体时要扬长避短,优化组合,使教学媒体在低成本、低消耗的前提下取得最佳的教学效果。

第四章 高校教师的备课、说课、结课能力培养研究

高校教师要想上好一堂课，需要考虑的因素、需要具备的素质非常之多。其中，高校教师的备课能力、说课能力和结课能力等能力素质，在很大程度上影响着其课堂教学的效果。因此，本章就通过对备课、说课和结课相关内容的阐释来探讨高校教师备课能力、说课能力和结课能力的培养问题。

第一节 高校教师的备课能力培养

备课是整个教学过程的总策划和总设计，它关系到课堂教学的有效性，表达着教师的创新思想，体现着教师全新的教学观。备课是为上课服务的，高校教师只有拥有较高的备课能力，才能更加自如地进行课堂教学，使课堂教学获得更好的效果。

一、备课的含义及作用

就备课的含义来说，有狭义和广义之分。狭义的备课是指教师认真研究一定的教学内容和所面对的学生的实际情况，确立科学的教学目标，并考虑采取哪些相应的方法、运用哪些相应的资源，引导学生达成教学目标，上好具体的一堂课。因此，狭义的备课相当于课前准备。广义的备课是指教师不断学习，不断更新专业知识、增加文化积累，不断总结和反思教学经验，为上好所有的

课做准备。因此,广义的备课体现了"终生备课"理念。这可以说是一个教师终生发展的岗位职责和行为追求,是教师职业发展的一种研修任务。

备课是一个循环往复、逐步发展提高的过程。就实质上来看,它是教师对自己学科思想的阐释,对学科知识体系的梳理,更是对教学活动的组织过程及其所涉及的内容、时间和空间结构的规范和优化过程。对一个教师而言,备课是上课的基础;对一门学科而言,备课是保障教学质量的基础。所以,教师一定要抓好备课。

具体来看,备课有以下几个方面的重要作用。

第一,备课有助于教师合理布局整个学期的学科教学活动。教学计划具有阶段性和周期性,它对应的基本单位是学期。所以,备课首先要确立学期的学科教学计划,这就是所谓"学期备课"。而正是这种"学期备课"即教学计划的研究,使一门学科在一个教育阶段的基本任务和主要目标清晰化,有助于对教学节奏和教学进度进行总体性的统筹,在此过程中,教师要把教学任务合理分配在一个学期的开始、中期和后期,这就需要对必须安排的大的教学活动,如复习、考试测验、讲评等制定一个科学的"行事历"。从这层面来说,备课是一个全局的统揽,是开展单元或每一课时备课的基础。

第二,备课有助于熟悉教学对象,明确教学目标。备课的主要任务是根据课程标准,将特定教学内容有效传递给特定的学生。所以,教学内容和学生既是课堂教学的两个基本对象,也是备课活动的研究对象。通过备课,教师对这两个教学对象有了充分的把握,就能够根据课时安排、学生情况和设备情况等,更为科学地制定教学目标。

第三,备课有助于保障教学的有效性。备课的具体工作主要体现在对教学过程的设计上。教材、学生、教师教学的环境以及备课设施、设备和情景等,都是教学过程中涉及的要素。如果将这些教学要素有机地组合为一个整体,而且是动态的有机整体,就有了教学效益的基础。此外，在备课过程中，教师通常从纵向和横向两个方向来合理连接各教学要素。其中，纵向是从教学导入、新课内容和要求的逐步展开，知识与技能的练习巩固，到教学小结等衔接顺畅的一个流程。横向是围绕一定的内容主题，将学生的学习活动、教师的教学活动、教学媒体和教学情境等有机地连为同步的、立体的互动性发展体。通过这样的合理连接，往往就能保障课堂教学的有效性了。

第四，备课有助于教师克服紧张心理，增强教学信心。进入课堂的心情直接决定了教师水平的发挥以及一堂课教学的质量。一般情况下，教师对将要完成的工作任务的把握度决定了其心情如何。备好了课，教师对教学内容与要求、教学资源结构、运用的方法、启发学生学习的基本思路等方面，就能基本做到胸有成竹。这样教师的底气就足了，自信心就加强了，心理也会比较放松，教学中就容易发挥出应有的能力水平。

二、备课的过程

备课是一个完整的过程，这一过程具体包括以下几个环节。

第一，分析学生。教学的对象是学生，学生的真实状态是决定课堂教学一切活动的出发点。所以，备课先要备学生。所谓备学生，主要是指分析学生的需求。每个学生的内在素质和性格、兴趣不同，智力水平不同，爱好与需求也不同，教学活动就是要从学生的兴趣点出发，调动学生学习的激情，因材施教，使其积极主动地参与到教学活动中。所以，教师在备课过程中要注意了解学生的知识基础、生活常识、学习兴趣、学习习惯、学习态度、个性特点等。只有掌握了学生的情况，教学活动才有开展的可能与意义，否则教学只是教师单向的“教”的活动。

第二，钻研教材。教材是教学内容的载体，是构成教学活动的重要因素。教师的教和学生的学在很大程度上依据教材来进行，教材发挥着中介作用。所以，教师在备课时，一定要注意对教材的钻研。教材不仅有一定的系统性、科学性，还蕴含着深刻的思想性。教师要通过反复阅读教材，把握教材内在的系统性，遵循教材的逻辑性，以保证教学内容的科学性。在阅读教材时，教师可先把握教材的中心，再把握教材的重点、难点和特点。此外，通过钻研教材，教师还要开发教材中蕴含的丰富教育资源，以便扩展教学内容，使教学成为生动的、超越文本的生成性建构活动。

第三，选择教法。教学方法是教师将教材内容有效地传授给学生的保证，因此，教学方法的选择对教师上好课也至关重要。教师在选择教学方法时，会因其教学观念、教学目标、教学内容的不同而选择不同的方法。没有哪一种教学方法是万能的，任何一种教学方法既有其长处也有其短处，教师要掌握多种教学方法，然后根据具体的教学情况选择最合适的方法。

第四，编写教案。这是备课全过程的归结点。教案反映了一个教师的教育思想、教育理论、业务素质的水准。一般来说，教师在编写教案时应着重注意以下几点：确定内容要适当；教学要求要具体、有针对性；教学重点要突出；课堂结构安排要科学；新旧知识过渡要自然；练习设计要合理；运用方法要灵活。

三、备课的形式

由于学校、学科、教师群体等的不同，备课活动的实施模式即备课形式也不同。就当前来看，以下几种备课形式越来越受教师的重视，在实践中也很有效。

(1)论坛式备课。这种备课形式是由主讲人主持教师集体进行备课，先行提出其备课的初步成果与设想，并提出本人的一些困惑和需要讨论的问题，然后由参与的教师畅所欲言，各抒己见，适时发表自己的认识与观点，也可以将自己的备课资料向各位教师出示。此外，在面对某位教师的备课观点，参与教师既可以发表肯定的意见，也可以发表否定的意见。论坛式备课想要达到的目的就是实现多方教师思想的碰撞和资源的共享。因此，论坛式备课就是集体备课。集体备课的好处有很多，尤其对新教师的成长来说意义重大。例如，有学者指出，集体备课作为教师之间合作交流的平台，可以在一定程度上缓解新教师知识结构单一的问题，促进新教师教研能力的提升，有助于新教师良好人际关系的形成，有利于提高新教师的言语表达能力。[①]

(2)多媒体备课。这种备课形式是指教师利用多媒体设备，尤其是计算机，以传统的备课形式为基点，充分考虑教学内容的特点，根据一定的教学过程设计、学生的特点和实际情况，将课堂教学中所涉及的教学内容(包括文字、声音、图片、动画等)合理、有序地整合在多媒体计算机中，以便以计算机为主要设备进行多媒体辅助教学。当前，有很多学校把教师能编制多媒体教案作为教师必备的素质之一，这就要求教师一方面要学会至少一个简单易行的编辑系统和编辑工具，另一方面要拥有一个多媒体资料库，以便能灵活调用库中的各种资料来编辑多媒体教案。多媒体教案是利用文字处理软件与 PowerPoint 等软件在计算机上编写的图文并茂的教案。它是信息技术的产物，也是新课程理念所倡导的。制作多媒体教案首先要进行素材的收集，即通过各种途径和方法收集备课所需要的图片、录像等素材。教师可以利用现成的各种图片或录像，也可以自己拍摄图像资料，还可以从网上获取相关的资料。资料收集好之后，就可以进行教案的设计与制作。一般来说，教师可以利用 Front Page、Word、WPS 等软件进行文本处理。文本编辑好之后，可插入图片、录像等。为了使多媒体教案层次更清晰，更方便于阅读，教师最好再对其进行美化和加工。

(3)网络备课。网络备课是指依托现代互联网技术，开发和利用网上教育资源，建立开放、交互、动态的网络教研平台，实现资源的交流与共享。在网络条件下，教师还可以设立备课成果共享文件夹，将每次备课的成果输入，逐渐积累形成体系。教师也

---

① 张海洋．集体备课对新教师成长的积极作用[J]．体育科技文献通报，2018(10)．

可利用网络的搜索引擎功能及时查证一些相关问题，并作出或得出解释，一并输入备课成果文件夹中。当然，学校也可以建立这样的文件夹，把每个教师的具有代表性的备课成果集中在一起，实现共享。

四、高校教师备课的有效策略

高校教师要想秉持“备活课、课备活、活备课”的备课精神，应当采取一些有效的备课策略。以下就是几种流行的备课策略。

（一）预设性备课策略

这种策略需要教师在备课过程中首先对学生所学的内容可能达到的程度有一个预期的展望，然后将这种预期的展望通过假设的情况蕴涵在教案中，以便能够随时把握学生的学习状况，并根据学生的实际情况反馈调整，从而顺应学生的学习需要。

（二）结构性备课策略

这种策略是指教师将某一知识点放在整个知识结构体系中来备课，这样就能很好地把握知识之间的联系，从而便于学生有效地进行知识建构。教师这样做，一方面可以进行知识二度重组开发，另一方面可以使自己在下一阶段教学时更好地把握教材，提高教学质量。教师采用结构性备课策略，可以借助于摘要性备课和框架性备课两种方法。摘要性备课就是教师针对教学需要，抓住重点部分详尽地备，而对一些次要部分简略地备。这样，教师就可以使自己的精力得到很好的分配，就可以在重点和难点部分有更好的准备，继而有效提高教学效率。框架性备课就是教师在面对那些相对来说比较容易探究、学生又能通过自学获得的知识时，备一个框架性的教案，把握“大方向”，而留下更多的空间和时间让学生自主探究。这样教师不仅能够解放自己，而且能够更好地培养学生自主学习的能力。

（三）开放性备课策略

这种策略要求教师在备课时要拓宽自己的视野，把自己放在一个高屋建瓴的位置来总揽全局，以便备出高质量的课来。协作性备课和双向性备课是开放性备课策略的两个具体方法。协作性备课是指从封闭的自我个体备课转变为教师之间的协作备课，教师可以围绕教材合作进行单元备课、分课时备课，针对教材进行分析（可以分析教学目标、教学重难点、教学知识结构特点、教材背景、学情、教学手段的选择、课件的制作等）。如此一来，教师之间就可以取长补短，使备课的质量得到大大的提高。双向性备课是指把教师的备课权下放给自己的学生，先让学生通过预习提出一些问题，然后教师从这些问题中筛选一些有价值的、与教学密切相关的问题，并将这些问题设计到教案中。

（四）反思性备课策略

反思性备课策略就是将备好的课进行初步的实践，把实践所获得的反馈信息渗透到教案中，进行二次增、删、调整、修改，直至优化。采用这种备课策略时，教师要注意以下几点：一是寻找教学预设与教学效果的差异所在；二是找出自己的教学与他人评价的结合点；三是找出教学实际效果与重新设计的生长点；四是寻找新设计的可行性与学生能力发展的融合点。反思之后精心设计的教案，往往更具有合理性、创见性和实操性。

五、高校教师培养备课能力的基本要求

备课并不是一件容易的事情，往往需要照顾到多个方面，尤其是新的教育理念、课程理念出现后，高校教师在备课过程中更要注意在思想上全面把握高等教育的改革思路，贯彻教育教学改革的精神。具体来说，高校教师要想提高自己的备课能力，应注意以下几个方面。

(一)备课要体现预设与生成的统一

在传统的备课过程中,高校教师思考的最多的是如何导、如何引、如何讲清楚和讲明白。他们认为学生是知识的接受者,只要认真听、认真看、认真记,顺着自己预先设计的教学思路学习就可以了。然而,教学过程不可能都是预设的,每个学生都是不同的,教学过程中出现的问题也是不确定的,所以在备课时,高校教师要把握预设与生成的内在联系。预设,即根据教育目标和学生的兴趣、学习需要以及已有的知识经验,以多种形式有目的、有计划地设计教育活动。生成,即教师依据学生的知识与经验水平、兴趣和需要,在与环境交互作用中进行有效的动态性调整,以引导学生生动、活泼、主动地进行新知识的探究活动。在生成中,高校教师要为学生创设良好的心理和物质环境,关注、支持、引发学生的主动探索和交往的欲望,满足他们自主活动、自发学习的需要。

(二)备课要体现课程资源整合的理念

在过去,很多高校教师备课备的是本学科的知识链、训练点,很少顾及或者根本不考虑本学科之外丰富多彩的课程资源,这很不利于学生的全面发展。所以,在新的高等教育理念下,高校教师在备课时不能一味强调学科本位,忽视其他课程资源,即高校教师在备课时,应尽可能体现课程资源整合的理念。这就要求高校教师在备课时,有效地进行资源重组,合理运用多媒体整合课程资源,以激发学生学习的兴趣和求知欲,促进学生更好的发展。

(三)备课要尊重个体差异性

素质教育理念要求高校教师在备课时,不应当只强调教师作用,而忽视学生的个性差异。高校教师只有密切关注学生的个体差异,教学才有针对性,才会更有效。所以,高校教师在备课时,应当注意充分发挥每位学生的潜能,让所有的学生都积极主动地参与学习探索活动，各尽其长，并根据他们自身的独特特点不同程度地提高他们的综合能力。

在备课中尊重个体差异性，需要高校教师尽可能做到以下几点：第一，高校教师头脑中要始终有学生的个体差异意识；第二，高校教师要充分考虑到学生的差异性，设计分层教学教案；第三，高校教师要通过所设计的教学教案让学生找到自己的"位置"，让不同的学生有不同的发展。

（四）备课要体现生活化的理念

长期以来，受应试教育的影响，教学比较重视知识的积累和解题技巧的学习，相对忽视学生的实际应用能力。学生可能在考试中的成绩是优秀的，但面对实际生活中的问题时却往往一筹莫展。所以，教学要注重培养学生的实际应用能力。这就要求高校教师在备课之时就注意一些具有生命价值的生活资源，并将其有机融合到教学之中。日常生活中蕴涵着丰富的资源，只要我们善于去挖掘，就能够拥有大量"为我所用"的资料。所以，高校教师要做一个有心人，要么通过分析教材，有针对性地搜集相关资料信息并进行筛选；要么平时积累一些可能在课堂教学中用到的资料；要么与其他教师经常沟通交流，实现资源的共享。

为了使备课体现生活化的理念，高校教师在备课时要有计划、有目的地将所搜集的资料融入教学设计中。比如，创设生活情境，将问题巧妙地"设计"到生活情境中，使学生在生动有趣的情境中自然而然地学到知识，并指导学生如何应用所学的生活知识解决一些生活中的问题。

第二节 高校教师的说课能力培养

与备课相比，说课可以说是近年来才逐渐兴起的一种教学研究和教师基本功训练的活动形式。由于说课不受时间、空间、学生的限制，活动简便易行，不仅能全面提高课程实施的水平，而且能有效促进教师的专业发展，因而引起了教育界的普遍关注。鉴于此，现代高校教师除了要努力提高自己的备课能力，还要努力提高自己的说课能力。

一、说课的含义及作用

说课就是教师以科学的教育教学理论为指导，以语言为主要表述工具，在精心备课的基础上，面对同行、领导和专家，将自己对某一学科课程或某一具体课题的教学设计和教学见解阐述出来，并与听者一起研讨，从而改进和优化教学设计的一种教学研究活动。

说课集中、简练地反映了教师的教学理念、教学技能和教学风格，充分体现了教师的教学水平和教学智慧，强化了教师教学的理性因素，督促教师学习教育教学理论，更新教育教学观念，有效地促使教师在教学实践中反思教学行为。同时，说课强化了教师同行之间的双向交流，使教师备课的隐性内涵显性化、教学系统更加开放，是教师智慧生成与表达的重要手段，是智慧型教师成长的重要途径。

说课与备课一样，也属于课前的一种准备工作。但是，说课又不同于备课，说课是一种深层次备课后的展示活动，直接面对的是其他教师、领导、专家等，主要目的是帮助教师改进和优化备课，提高自身的素质，促进自身的专业发展。也有学者更为简单地总结为，说课就是对课程的理解、备课的解说和上课的反思。

说课由两部分组成，依次为解说和评说。其中，解说是重点。它是以教师口头表达为主，以教育科学理论和教材为依据，针对师生具体情况和课程特点，以同行为主要对象，在备课与上课的基础上所进行的教学研究系统。它要阐明的问题是教什么、怎样教、为什么要这样教及其理论依据。评说则是针对解说而进行的评议、交流和研讨。

说课既然是一种教研活动，必然具有教研活动的一般性质。所以，说课具有群体性，有众多教师、同行参与；说课具有交流性，需要说课教师与听者进行意见交流；说课具有研究性，说课教师与听者交流的内容是各自经过一定研究的结果；说课具有可操作性，因为说课的内容及其要求十分明确、具体和科学，说课不受时间、地点和教学进度的限制，说课是教学中最接近教师的教学理论在教学中的应用。

说课的作用主要体现在以下几个方面。

第一，有利于提高教师的教学设计能力，提升教师备课的质量。说课是在备课的基础上进行的教研活动，因此说课设计必然要依托于教学设计。教学设计主要包括教学目标、教学重难点、教学方法、教学过程、教学媒体以及板书等的设计。教师要进行说课设计，首先要进行一定的教学设计，这就需要教师花费时间研读课程标准，挖掘吃透教材，查阅若干相关资料。这个过程一方面是让教师得出一份满意的、优秀的教学方案，另一方面则进一步锻炼了教师的教学设计能力。说课课件完成后，教师需要说出自己的教学设计及其设计意图。说完后，各听课教师对说课教师的设计进行研讨、评析、切磋、交流，提出更加合理、完善的修改建议。这一过程往往能够引导教师去思考教学的理念及依据，帮助他们提高自己的教学设计水平，进一步提升备课质量，促进教师的专业发展。①

第二，有利于提高教师的反思意识与创新精神。说课是教师自己思考的过程，也是教师反思的过程。说课完成后，教师一般会针对同行的建议或意见对自己的说课设计进行调整与完善。在这一过程中，教师会总结经验，调整不足，改进过程与方法。久而久之，教师就会形成教育的智慧和创新的能力，从而能在课堂上游刃有余，在互动中彰显智慧，在教学中体现创新。

第三，有利于提高教师的综合素质。说课除了能提高教师的

① 韩美荣，常华锋．教师教学基本技能训练指导[M]．北京：首都师范大学出版社，2017：278.

教学设计能力、反思意识和创新精神，还能够提高教师其他方面的一些素质。比如，说课是语言阐述与表达的过程，因此通过说课，教师的语言表达能力、逻辑思维能力、衔接组织能力等能够得到提高；又如，说课往往需要教师制作多媒体课件，需要教师的教学设计体现信息与内容的融合、技术与方法的结合，这又能够在一定程度上提高教师的信息素养。所以，说课实际上有利于提高教师的综合素质。

第四，有利于营造良好的教研氛围。说课把"说"与"评"紧紧结合起来，让说课教师把静态的个人备课转化为一定范围内动态的集体讨论。这有助于形成一种教学研讨的气氛，促进教学与研究结合、理论与实践结合。具体来看，说课者要努力寻求现代教育理论的指导，评课者也要努力寻求说课教师的特色与成功经验的理论依据，说评双方围绕着共同的课题形成共识，达到取长补短、优势互补的效果，营造了较好的教研氛围，起到以"虚"带"实"、共同提高的作用。说课所阐述的教学设计往往带有创新的研究成果，可供其他教师参与借鉴。同时，大家评议、交流、切磋，可以为学校提供实用有效的教研平台。所以，说课的一大作用就是有利于营造良好的教研氛围。

二、高校教师说课的类型

说课的类型是多种多样的，根据不同的标准，有不同的分类。高校教师最常用的是研讨性说课、示范性说课、评比性说课、主题性说课和专题说课。

(1)研讨性说课。这种说课一般是指以教研组(室)或年级组为单位，采取集体备课的形式，先由一位教师事先备课并写好说课稿，然后说课，"说"后大家评议、修改，变个人智慧为集体智慧。这种说课可以一星期开展一次，教研组里的教师可以轮流说课，这是提高教师业务素质和研究能力的有效途径。

(2)示范性说课。这种说课一般是指选取素质较高的教师先向听课教师示范性说课，然后将说课内容付诸课堂教学实践，最后组织听课教师或教研人员对说课教师的说课内容及课堂教学做出客观公正的评价。在这一过程中，听课教师从“观说课—看上课—听评课”中增长见识，开阔眼界。示范性说课是培养教学能手的重要途径。

(3)评比性说课。这种说课是把说课作为教师教学业务评比的内容或一个项目，对教师运用教育教学理论的能力、理解课程标准和教材的实际水平、教学流程设计的科学性和合理性等做出客观公正评判的活动方式。它既是发现和遴选优秀教师的一种评比方法，也是以此带动教师队伍建设、促进教师专业发展的有效途径。

(4)主题性说课。这种说课是指教师以教育教学工作中遇到的重点、难点问题或热点问题为主题，进行一段时间的实践和探索，然后用说课的方式向其他教师、专家和领导汇报其研究成果。这种说课可以说是一种更深入的问题研究活动，有助于教育教学重点、难点或热点问题的解决。

(5)专题说课。这种说课是以教材中的某一专题或某领域中的相似专题为内容进行的，如阅读专题、公共管理专题、教育心理专题等。专题说课一般包括专题内容分析、教学目标确定、教学方法选择、教学过程设计等环节。当然，教师也可以对专题课标要求、专题教学建议、评价建议、课程资源开发与利用等做出说明。

三、高校教师说课的内容

一个完整的说课，往往包括以下几方面的内容。

(一)说教材

说教材主要说明“教什么”和“为什么教这些”的问题，具体阐述的内容包括科目、所在单元或章节；本课时的主要教学内容、所包含的知识点；本课时内容在教材中的地位、作用、前后联系、编者意图以及对学生智能发展和个性发展的意义。在阐述教材内容及教材地位和作用的基础上，教师还应附带说明教学重点、难点、课时的安排以及明确的教学目标等。

说教材时，说课者应尽最大努力来阐述自己对教材的理解和感悟，以充分展示自己对教材的宏观把握能力和对教材的驾驭分配能力。同时，说课者应力求做到既要“说”得准确，又要“说”出特色；既要“说”出共性，也要“说”出个性。

（二）说学情

学情就是包括学生的年龄特征、认知规律、学习方法及已有知识和经验等在内的总和。学生是学习的主体，一切教学活动都离不开这一主体的积极参与。当今大学生普遍有很强的自我独立意识，他们思维敏捷，能比较全面地分析问题，易于接受新知识、新思想，不迷信权威，敢于提出自己的独到见解，勇于探索和创新；他们密切关注社会的变化和科学技术的发展，并表现出极大的兴趣。所以，在说课时，教师要依据大学生的年龄特征和认知规律，全面客观地阐述大学生已有的学业情况和已经掌握的学习方法，为优化教学设计提供参考。它既可以与教材一起作为教学资源加以分析，也可以单独阐述。一般地说，学情应重点关注学生已有的知识和经验、已有的学习方法和技巧、个性发展三方面的内容。

（三）说教法

说教法主要是说明“怎么教”和“为什么这样教”的问题，具体是指教师根据本课题内容的特点、教学目标和学生学业情况，说出选用的教学方法和教学手段，以及采用这些教学方法和教学手段的理论依据。教学方法虽然有很多种，但并没有一种万能的教学方法，教师只能是选择最合适的教学方法来达到最佳的教学效果。为了实现教学方法的最优化，教师可以根据教材内容、学生特点、教学媒体、教师教学风格和授课时间等，选择其中一种有效的教学方法，或是对诸多教学方法进行优化组合，通过充分发挥各种方法的长处和优点，最终优化教学过程，获得较好的教学效果。一般情况下，本源性知识常常采用观察、实验、讨论等方法；派生性知识一般采用讲授、讨论、自学、发现、合作探究等方法。在说完教学方法后，教师还可以说说上课所采用的教具的准备情况。

（四）说学法

说学法主要是说明学生要"怎样学"和"为什么这样学"的问题，具体是指教师在说课中明确自己是如何激发学生学习兴趣、调动学生积极思考、强化学生主动意识的，是如何根据年级特点和学生的年龄、心理特征，运用哪些学习规律指导学生进行学习的。所以说，说课中的学法，实际上是指学法的指导，指导学生在学习中采取怎样的态度、法则、程序、手段等。

（五）说教学过程

教学过程简单来说就是教学活动是如何发起的，又是怎样展开的，最终是怎样结束的。说教学过程是说课的中心内容，能否说清楚教学过程是能否说好课的关键。此外，只有通过教学过程的分析，才能看到教师独具匠心的教学安排，才能反映教师的教学思想、教学个性与教学风格；只有通过对教学过程设计的阐述，才能看到教师的教学安排是否合理、科学和艺术。说教学过程，主要包括说教学环节、说主要做法、说重要提问、说时间分配、说练习设计、说课堂练习和课堂小结六个方面的内容。需要注意的是，说教学过程不是课堂教学实录，对于重点环节，诸如运用什么教学方法突破重难点要细说，一般环节的内容则可少说。

四、高校教师培养说课能力的基本要求

说课不是一件容易的事情，教师一般需要注意以下几个方面的基本要求。

（一）注意语言的简练、合理

说课就是用陈述性语言把说课内容叙述清楚，所以对说课者的语言能力要求较高。教师要面对听者娓娓道来，分析教材、介绍学情、说明方法、阐述设计思路与程序、说明设计依据，所以在说的时候一定要注意语言的简练性与合理性。首先，语言要精练、清晰、富有逻辑性和情感性，防止啰里啰唆、拖泥带水，一般以20～25分钟为宜。其次，要避免平铺直叙和平缓无力的语言，尽可能地做到抑扬顿挫和高低起伏。再次，说课不是讲课，要避免过多的教学操作性语言。最后，注意语言的良好过渡和衔接，尤其要设计好领起语。

（二）注重现代教育教学理念的体现

当今时代，有无现代教育教学理念是专业教师与非专业教师的重要区别。专业教师往往秉持积极、主动、创造性的学生观，秉持教师引导、学生主动参与活动的教育活动观，秉持传授知识、开发潜能、弘扬个性的教育观。所以，为了取得说课的成功，教师在说课时就要体现新颖、前瞻的教学设计理念，凸显主体教育论，注重学生创新精神和实践能力的培养。尤其在说课过程环节，要避免“一言堂”的教学设计，注意从学科中心、知识本位转为能力本位，从如何教转为如何学。

（三）重视理论依据的阐述

说课是在课前对上课内容做出的预设，强调教育理论、教育思想、设计理念的内化与阐述，所以说课时不仅要说“是什么”，更要说“为什么”。说课要以一定的教育教学理论观点作为个人理解教材、确定教法、安排教学程序设计的重要依据，因为理论性要求真实、科学地反映教育存在，认识和解释作为客观存在的教育事实，能预测教育的未来发展，并致力于教育实践主体的观念改造和更新。教育理论的丰厚程度直接影响教师的教育理念与施教方式，教师只有合理运用教育理论，才能使自己的说课有理有据，才能使说课富有深度，才能让听者心服口服。所以，教师平时要多学习现代教育教学的理论，在备课的时候，对每个环节设计都要多问几个“为什么”，找出设计背后的教学思想、教学意图和理论依据。一般来说，教师说课依据的选择有四个方面：一是教育教学理论；二是课程标准的要求；三是教育家的名人名言；四是设计者自己阐述的设计意图。

（四）注意使用多媒体技术

多媒体技术是一种利用计算机对文字、图像、声音、动画、视频等信息进行综合处理，建立起一定的逻辑关系，实现人机交互作用的技术。这种技术在课堂教学中的应用主要表现在电子教案、形象教学、模拟交互过程、网络多媒体教学等多个方面。它能将课堂知识转化为学生喜爱的图文、声音等形式，因而对丰富教师的授课方式、提高课堂教学的效率有重要的意义。教师在说课过程中，如果充分运用多媒体技术如多媒体课件、实物投影仪等，可以使说课内容更加形象、直观、生动、有趣，表述也更加清晰、条理，特别是展播一些突破重点内容的精彩片段，更能激起听者的兴趣，让评委或同行听得更加清楚明白。当然，说课教师需要注意，不要将所有内容都放在多媒体课件上，不要让说课变成念或背诵幻灯片的过程。

（五）注意时间安排与说课各部分的关联性

说课通常包括说教材、说学情、说教法、说学法、说教学过程等几个部分，对于这几个部分应当有主有次，详略得当，恰当地安排好时间。有的教师在前面几个部分说得多、说得细，占用了不少时间，到了说教学过程时，因为时间不够用，反而说得简单，不够翔实。要知道教学过程才是说课的重头戏，需要教师向听者讲明白教学环节的整个具体安排，如何实施能达到教学目标等问题。所以，说课教师一定要做好整个说课时间的分配。

说课各部分应该是一个整体，所以要统筹考虑，合理安排，特别要顾及教学过程与前面教学目标、重难点、教学方法的关联性。这就需要教师在说教学过程时要较好地体现目标与方法、突出重点、突破难点等。如果这些难以得到很好的体现或突破，再有趣的教学过程也没有太大的意义，说课的质量更是无从谈起。

第三节　高校教师的结课能力培养

结课即结束课堂教学，这是一节课的最后环节，也是非常重要的一个环节。良好的课堂结束设计能使教学锦上添花，让学生回味无穷。所以，高校教师要十分重视结课能力的培养。

一、结课的含义及作用

结课是指教师在即将完成教学活动时，根据教学目标对本节课的教学内容、教学难点、知识要点等进行归纳、总结、梳理，引导学生完成新知识的结构化、系统化，使学生的知识、技能、情感得以全面发展的活动方式。很多人都会强调课程导入的重要性，认为好的开端是成功的一半，殊不知完美的结课也至关重要。袁微子先生就曾说过："成功的结尾教学，不仅能体现教师的技巧，而且学生会主题更明，意味犹存，情趣还生。"

作为课堂教学不可或缺的重要组成部分，结课的作用主要体现在以下三个方面。

第一，梳理学生的知识结构，帮助学生巩固知识。教师在课堂结束时依据教学目标，概括教学内容，突出重难点，强化思路，总结规律，一方面能对一节课所教的知识信息进行系统化总结，使学生对新的知识更加清晰，从而构建逻辑清晰的知识网络；另一方面通过及时的回顾、小结、练习，能加深学生对所学知识的印象，将知识信息从原先的瞬时记忆逐渐转化为短时记忆，甚至是长时记忆，从而达到巩固复习的效果。

第二，及时反馈信息，帮助教师调节教学。在结课过程中，教师一般会通过各种形式的书面练习、口头对话问答、学生自己小结等方式，检查学生掌握新知识的程度，据此推断课堂教学的效果。这就为下节课教学目标的确立及教学方法的改进与调整提供了反馈信息。它可以激发教师的学习动机与工作积极性，也可以帮助教师进一步调整、改进教学，以取得更好的教学效果。

第三，承上启下，促进探索。教学内容、教学知识点之间是相互联系的，但在很多情况下，一些知识模块要分几个课时来完成，所以教师在每个课时之间就会利用教学内容的连续性架构知识联系的桥梁，以便承上启下。具体来说，教师可在本节课结束时，创设一些有悬念和启发性的问题，以满足学生的好奇心，激发学生的求知欲，为其课下探索新知识提前创设教学情境，为下一节课的知识学习做好准备。显然，结课还起到课与课之间、知识与知识之间承上启下的作用。

二、高校教师结课的类型

结课的类型有很多，在现代高校课堂教学中，教师最常用的有以下几种。

（一）归纳总结式

归纳总结式结课是最常见的一种结课类型。它是指在完成一节课的教学任务后，教师利用简单明了、准确精练的语言和图表等方法，对整节课的内容进行概括总结，归纳知识的结构和主线，强化重点，明确关键，使学生对所学知识的认识形成条理。这种结课的目的是让学生对所学知识有一个全面、系统的了解、认识。这种结课通常是教师在一堂课的最后几分钟进行，能力强的教师往往寥寥数语便能勾勒出整堂课的概貌、总体。

（二）比较区别式

比较区别式结课是指教师在一节课教学的结束阶段，将传授的新知识与有关的旧知识联系起来，通过比较分析，把握它们的相同点和不同点，引导学生弄清楚知识或技能的本质特征、区别及联系，从而更深刻、更准确地理解和记忆知识。

（三）解疑答问式

在教学或是学习过程中，是不可能没有问题的。如果教师能在每堂课启发学生对所学知识因不理解或理解不透而提出问题，并及时予以解答，则能使学生学有所获。所以，在每堂课的最后几分钟，教师也可以选择让学生提问，教师解答，或是教师提问，学生解答。前者可以帮助学生弄懂之前还不理解的问题，但需要教师引导学生提出问题；后者可以帮助学生复习巩固已经学到的知识。

（四）首尾呼应式

首尾呼应式结课是指教师在课尾解答课程开始时提出的问题，使课堂教学达到首尾相顾、完整统一的效果。在课堂教学开始时，教师一般会选择提出问题或是设置悬念来导入所讲课程，此时教师可以不用作答或是解除悬念，暂时将其搁置，等到课程快结束时，教师可再次提起，对问题进行解答或是对悬念予以解释，从而完成结课。这种结课方式具有点题性、呼应性、统一性和完整性四大特点，既能引发学生的思考，又能达到前后呼应、首开尾合的效果，使课堂结构更为完整。

（五）活动思考练习式

这种结课是指教师为使学生巩固课堂所学的知识，变知识为初步的艺术、技巧，在课堂结束前，根据教学内容和教学目标组织全班或小组进行一些教学实践活动，如知识竞赛、操作比赛、小组讨论和观察制作;或者通过提问、小测验、完成课堂作业等方式,使学生用口头或笔头形式,对所学内容进行练习,从而牢固地掌握所学知识;或者精心设计一些口头或书面思考题,并提出相应要求,让学生当堂思考、回答来结束教学。

（六）情感激励式

课堂教学是传授知识和思想教育相统一的过程,这一过程具有教育性、思想性、情感性,所以教师要注意晓之以理,动之以情,以情激行。在讲授完一堂课后,教师可以将内容深化、生发开去,将学生的情感引向高潮,使其产生共鸣。这种结课方式往往能达到“随风潜入夜,润物细无声”的效果。

（七）设置悬念式

设置悬念式结课是指教师在课堂教学快结束时,根据教材和教学需要,在学生掌握新知识的基础上,针对后面的学习,巧妙设疑置悬,不进行任何解释,留下思考和联想的空间,引起学生新的求知欲望,让学生课后积极思维。这种结课方式往往可产生“欲知后事如何,且听下回分解”的学习期待,收到“课虽尽而思不断”的效果。这种结课方式最主要的技巧是挖掘已学知识与未学知识之间的内在联系,且在学生不知不觉中设置悬念,这样才能驱动学生积极思考。此外,教师要避免故弄玄虚、耍贫嘴。

（八）范例式

范例式结课是指教师在结课时,举出有代表性的事例材料或问题,运用当堂教学知识(包括渗透以前所学的知识)进行分析、解决,促使学生当堂加深理解、巩固知识,并培养学生分析、解决问题能力的一种结课方式。教师运用这种结课方式必须把握示范性、指导性、应用性、联系性、提高性五大特点,并注意在分析解答过程中培养学生的分析源合能力。

(九)延伸拓展式

延伸拓展式结课是指教师在完成教学任务后,结合教学内容,联系本学科或其他学科的相关联内容,引导学生的学习由课内向课外延伸,使课堂教学的终点成为开阔学生知识视野和联系实际生活的起点。知识的延伸与拓展是学生持续学习的巨大动力,往往能激发其新的学习欲望,既能使学生加深对本节课所学内容的认识,又能使学生将所探究的问题或阅读的课外读物与本课内容串接起来,达到课内外知识的有效融通。需要注意的是,教师采用这种结课方式一定要避免舍本逐末、喧宾夺主、远离教材乱拓展的现象发生;应使学生在联系学过的知识的基础上,加深自身的体会;要在不加重学生负担的前提下,把握分寸,适时适量。

(十)愉悦鉴赏式

愉悦鉴赏式结课是指教师在课堂结束时,根据教材内容,运用唱歌、朗诵、讲故事或看录像、幻灯片等形式,在鉴赏中寓教于乐来结束课堂教学。这种结课方式具有欣赏性、趣味性、知识性、思想性四大特点,既可消除学生学习中的疲劳,又能使学生在愉悦的情境中深化所学知识,提高思想觉悟。需要注意的是,采用这种结课方式,教师要避免无目的引趣,避免单纯为了愉悦而冲淡本堂课的主题。

(十一)无为而治式

无为而治式结课是指教师根据自己的教学计划对讲授时间进行适当压缩,留出几分钟的空白,让学生自由利用。这种结课方式从表面上看教师好像"无为",但其落脚点却是学生"有为"。因为它尊重了学生思维和个性的自由发展,学生可以在空白时间里朗读、演讲、讨论、阅读、解疑……自己喜欢哪种就做哪种,只要让这一段时间发挥充分的作用即可。成功的无为而治式的结课往往能让教师起到“此时无声胜有声”的效果。需要注意的是，采用这种结课方式时，必须让学生明确空白时间要利用在学习上，而不能放任自流，将这段时间白白浪费。

三、高校教师培养结课能力的基本要求

高校教师要想提高自己的结课能力，不仅要掌握多种多样的结课方式，而且要掌握结课的一些基本要求。

（一）注意语言的精练性

教师的结课语言一定要少而精，紧扣本堂课教学的中心，梳理知识，总结要点，形成知识网络结构，干净利落地结束全课，切忌冗长和拖泥带水。结课的时间通常为短暂的几分钟，教师要珍惜这宝贵的时间，以精练的语言提炼、升华课堂主题。

（二）保持结课的自然过渡

结课是一堂课的最后一个环节，也是课堂教学发展的必然结果。教师在教学过程中，要严格按照课前设计的教学计划由前而后地进行，力求做到有目的地调节课堂教学的节奏，有意识地照顾到课堂教学的结课，使课堂教学的结束做到水到渠成、自然妥帖。有的教师课堂教学的节奏过快，较早地讲授了课堂教学的主要内容，实施了课堂教学的主要环节，给结课留的时间过多，多余的时间只好搪塞过去，这严重影响了课堂教学结构的完整性，妨碍了课堂教学结课应发挥的作用。还有的教师课堂教学节奏过慢，快下课时还没有将主要的教学内容讲完，于是要么省去结课环节，要么“拖堂”，草草进行结课。这样一来，学生不仅无法总结、理解、消化课堂所学的知识，还加重了大脑的负担，影响良好思维效能的发挥和下节课的学习效果。所以，教师一定要避免上述两种情况，要善于按照事先制订的教学计划合理安排，适时调节课时容量，善于根据课堂教学的客观实际改变教学过程，自然

地过渡到结课环节。

（三）注重对学生的引导

在当今的课堂教学过程中，学生处于主体地位，教师处于引导地位。所以，教师要扮演好一个引导者的角色。在课堂结束环节，教师要引导学生进行总结、梳理、反思，通过学生的实践活动使其对所学内容进行思考、再现、整理和深化。有效的引导能够帮助学生增强体验、领会方法，使学生对所学内容的结构框架更加清晰，继而更深刻地掌握知识，促进思维的发展；也能够帮助学生形成对知识进行梳理、总结的良好学习习惯，以便日后构建合理的思维导图或知识树。

（四）注重画龙点睛，突破时空

课堂教学的结尾往往是整堂课的“点睛之笔”，是很重要的。正像演戏很讲究演透而不演绝，只有演透，思想内容才能发挥得淋漓尽致，人物的性格、情感才能刻画得极尽其妙。但若演绝，就断送了艺术，因为有余味正是艺术的魅力所在。课堂教学也是一样，不能讲绝，讲绝就失去了“启发”想象的效果。这就要求教师的教学以“不全”求“全”，在有限中追求无限，突破课堂教学的时空局限。换句话说，在一堂课结束时，教师要注意用恰当精彩的结课方式，使学生感到“言已尽而意无穷”，使他们在课后咀嚼回味，展开丰富想象。

（五）加强内外沟通

课堂教学只是教学的基本形式，而不是唯一的组织形式。为了充分发挥各种教学组织形式在培养学生中的协同作用，课堂结课时，不能只局限于课堂本身，要注意课内与课外的沟通、学科课程与活动课程的沟通、学科与其他学科课程的沟通，从而帮助学生拓宽知识面，掌握全面的知识。

（六）注意形式的多样性

完美的结课能够使知识概括化、条理化、网络化，能够使整个课堂教学结构浑然一体，严谨而不疏漏，从而显示出课堂教学的和谐完美。因此，教师要想通过结课使学生头脑中留下知识的逻辑脉络，留下良好的情绪体验，诱发学生积极思维、不断探索，从而达到余音缭绕、余味无穷的效果，就不应局限于一两种结课形式，而要多种多样。结课如果既有教师言简意赅的梳理总结，又有学生独立思考的练习，还有知识竞赛、讨论探索、学生自我小结、小组对话、吟诵阅读等实践活动，必然能妙趣横生，激发学生的兴趣，给学生带来新奇感，获得良好的结课效果。

第五章　教师与学生角色转变下的高校教师教学方法研究

当代社会的主要特征是知识经济，全球化步伐加快，信息化时代到来。而这些对教育的影响也是巨大的，它导致现代社会对教育的要求越来越高。在新时期，教师和学生的角色都发生了变化，教师不仅仅是学生知识的传授者，还应该是学生的榜样、知己和朋友，要能担负起引导学生健康发展的任务。同样，传统的单纯作为知识接受者的学生角色也发生了变化，他们转而以教学活动的主体出现。在这种情况下，高校教师必须注意选择科学的教学方法，以提高教育教学效果。

第一节　教师角色的新认知与学生在课堂教学中的角色分析

一、教师角色的新认知

作为课堂教学活动的主体因素之一，教师的重要作用不言而喻。然而，教师主体作用的发挥是有条件的，其中首要的一点是教师要对其在课堂教学中所扮演的角色、所应该发挥的作用有深刻的认识和准确的定位。在传统社会，由于人类文化传递的途径比较单一，人们获取知识的渠道有限，“前喻学习”成为人类文化学习的主要方式，即晚辈主要通过向长辈学习来掌握人类文化。

在这种情况下，教师作为知识的拥有者，同时又是年长于学生的人，受到了人们特别的尊崇。进入21世纪，社会的飞速发展，科技的进步创新，为教育的改革发展带来了机遇和挑战。随着教育改革尤其是课程改革的不断推进和深入，人们对课堂教学活动的认识已经发生了重要的转变，课堂教学不再仅仅被视为知识的传递和接受过程，而是教师和学生作为生命的独特个体共同成长的过程。人们开始重新审视教师这份职业，对教师的角色也有了新的认知，这些认知主要包括以下几方面。

（一）教师是学生学习和发展的引导者

“传道、授业、解惑”是我国古代文学家韩愈对传统教师角色作用的概括。千百年来，无论是在古代的个别教学中，还是在近代的课堂教学中，教师的角色基本上没有超出这六个字的范围。也因为对“传道、授业、解惑”职责的重视，教师在教育的过程中主要扮演着知识传授者的角色。然而，随着知识经济时代的到来，一方面，网络技术的广泛应用，带来了学习方式的变革，网络学习的便利性、开放性，信息的丰富性等特点使得学生逐渐摆脱了传统学习中对教师的依赖，教师不再是学生获取知识的唯一来源；另一方面，终身学习理念的提出使教育的内涵和外延被大大地拓展了，学校教育最重要的不是传授给学生多少固定的知识和技能，而是要让学生掌握学习的方法。在这种情况下，教师的角色就从传统的知识拥有者转变为学生学习和发展的引导者。

在现代教育中，师生关系的基本理念应该是平等的相互交往、相互尊重、相互合作。在这种关系中，学生既是一个独立人格的人，又是学习者，积极地参与教学活动，并在与教师的相互尊重、合作信任中全面发展自己，感受到自主与尊严，真正表现出自身的主体性。教师在课堂教学中要发挥一种帮助、服务的作用，而不是主宰、代替的作用。教师要时刻关注学生的需求，调动学生学习的积极性，让学生意识到自己是学习的主人，并帮助学生明确学习和发展的目标，指导学生掌握科学的学习方法，帮助学生发现自己的潜能和性向，使每一个学生都能获得适合他们各自特点的教学帮助，使每一个学生的潜能都能得到最大的发挥，从而实现个性化的发展。

现代教育不单单强调对学生知识的传授，而且重视学生的健康发展，这也使得教师的角色从单纯的知识传输者转为学生整体健康的关注者、引导者。一个合格的教师应善于了解学生的兴趣，发展学生的潜能，培养学生健全的性格，养成学生良好的品德，推动学生的健康发展。

（二）教师是教学资源的开发与设计者

在传统教学模式中，教师往往处于一种被动的状态。课程计划是由国家的教育主管部门制定的，教科书是由专家编写的，教学参考资料和试卷也是由专家或教研部门编写和提供的，教师成了教育行政部门各项规定的机械执行者，在教育过程中往往只能照搬各类教学参考资料，基本没有主动开发与设计教学资源的意识。而在现代社会，随着人们对教育认识的加深，以及教育改革的持续推进，主动参与到教学资源的开发与设计中，尽最大可能不断丰富与拓展教学资源，是现代教师的重要任务。一方面，教师作为课堂教学的主体，其作用就是要根据课程目标，合理开发、挖掘、整合校内外各种教学资源，实现资源间的“无缝”链接、有机融合，以充实、丰富课程和教材内容，增强现代课程教学的有效性。另一方面，现代课程内容范围不断拓展，传统的某一学年段固定教学内容的范围不断被打破，学生学习的内容也在不断向外扩展。为了适应现代学生的知识需求，教师也需要结合时代发展的情况，以学生对知识的需求为基础，不断将一些新的知识融入课程教学中，这就需要教师承担起教学资源开发与设计的责任。因此，教师要自觉研究新的课程理念和课程理论的宏观发展趋势，改变以往学科本位论的观念和消极被动执行的做法，要形成强烈的课程意识和参与意识，要了解和掌握各个层次的课程知识，要认识到课堂教学不只是自身单方面地忠实执行课程实施计划的过程，而是师生积极互动、动态生成的过程。

（三）教师是课堂教学的组织者

在传统教学模式中，教师所拥有的制度上的优势地位和“知识拥有者”的身份，使得教师在课堂上自然地成为主宰者，不仅教学内容和教学时间如何安排是由教师决定，而且教学过程中也是按照预设好的教学内容以及教学流程，有步骤地实施教学，不允许学生有质疑或异议，以免打乱正常的教学秩序。新课程理念的核心是“以生为本”，开放性、交互性、生成性是现代课堂的显著特点，课堂上师生间多向、开放、动态的对话交流，预示着会有更多的“不确定性”和“生成性”出现。要实现课堂“活”而不乱、“动”却有序，必须改变传统的课堂管理方式、组织模式和调控方法，教师的角色也必须随之由传统的管理者和领导者角色转变为组织者、策划者角色。教师的任务不再像传统教学模式那样是用纪律、规则等来约束学生，让学生按照教师的思路进行学习，而是努力为学生的学习创造良好的学习环境，引导学生发挥自身的主观能动性，自觉、主动、积极地开展学习活动。而要做到这一点，教师要转变传统的师生观念，认识到学生是学习的主体，教师是学生学习的引导者，从而由居高临下的权威转向“平等中的首席”。换句话来说，教师要摆脱传统“师道尊严”思想的束缚，褪掉头上威严的光环，认识到自己和学生一样也是学习者。教师要从高高在上的讲台上主动走下来，成为教学活动中普通的一员，走进学生中间，和学生一起探究新知、研究问题，共同分享学生求知的快乐，成为深刻理解学生的观点、想法和情感特征的参与者，从而深刻理解学生，并努力以自身的知识、能力引导学生学习。

（四）教师是终身学习者

在“知识爆炸”的年代里，知识的更新速度越来越快，知识总量的不断累积，社会日新月异的变化，让人们更加意识到学习不是一次完成的，而是贯穿人一生的，这就在很大程度上摧毁了教师作为知识拥有者的基石。这样,教师作为一种职业而得以存在的基础,就变成了“持续的学习”。也就是说,传统的那种只需完成职前学习就可以胜任教学的状况,随着知识经济、信息化时代的到来,学习方式的多元化发展而产生了变化,并对教师这份职业提出了更高的要求,要求教师在从业后也要不断学习。由此,教师的角色由传统的知识传授者向终身学习者转移。

(五)教师是教与学的研究与反思者

获得了任教资格并不意味着能胜任教育工作。一般来说,教师发展是由不成熟到相对成熟的过程,该过程包括新手、高级新手、胜任、熟练、专家型五个阶段。专家型教师是教师专业性发展的最高目标。单凭经验积累还不足以造就教育教学专家,教师从新手向专家发展,第一要将职前学习与职后培训相结合,不断拓展教师的专业内涵;第二要不断对自己的教育教学进行反思和评价,分析不足,提出改进方案;第三还要从事与自己教育教学有关的科学研究,从理论上提高自己的业务水平。为此,教师要做好以下两方面的工作。

(1)立足真实的教学情境,积极开展行动研究。无数事实已经证明,进行教育教学研究是教师提高自身素养的最佳途径。而真实的教学情境可以让教师直面日常教学实践,以研究者的眼光审视教育教学实践,通过不断的观察、反思、研究、实践,做出各种教学决策,解决教育教学中的实际问题。教师从平凡的、司空见惯的教学实践中积极开展行动研究才能看出新的方向、新的特征、新的细节,才能对教育教学问题有更多理性的思考、深刻的反思,从而在工作中不断有所生成,有所创新,逐渐成长为专家型教师。

(2)积极进行教学反思。教学反思是教师以自己的职业活动为思考对象,对自己在工作中所做出的行为以及由此所产生的结果进行审视和分析的过程。教师自觉地进行教学反思,可以促使教师形成自我反思的意识和自我监控的能力,能有效促进教师的专业成长。由于教学反思在本书的其他章节会进行专门论述，因此这里就不再展开。

二、学生在课堂教学中的角色分析

在传统社会，知识的传递被当作是教学的主要任务，教师是知识占有者，因而其主要职责就是传递知识，而学生是未知者，其主要任务便是接受知识，以便完成知识在代际间的传承。在新时期，随着教育学和心理学研究的日益深入，人们逐渐认识到，学生也是作为具有主体性的人而存在的，其主体性主要表现为学生在教育活动中的选择性、自主性、能动性和创造性。这是学生在课堂教学中的角色新认知，下面对其进行分析。

（一）学生是主动学习者

学习是一项系统性的工程。学习对不同的人来说有不同的感受——对于学习主动的人，学习起来就不会感觉很枯燥很累，学习效果也会比较好，成绩自然就不会差。对于被动学习的人来说，学习就不是一件好差事了。他们可能会觉得学习很枯燥很乏味，被动的情况下，学习效率也很难保证。

传统教学过分强调教师的作用，学生的学习过程仅仅被理解为一种吸取知识的过程，学生常常在老师的逼迫、监督甚至是体罚的威慑下被动地学习。学习在许多学生看来是一个困难重重、令人痛苦的过程，于是有些学生产生了畏学、厌学情绪，甚至以逃学来反抗教师的“压迫”。现代学习心理学的研究表明，学生只有在心里先不排斥学习，才能把心理活动指向和集中在学习的对象上，使感知活跃，注意力集中，观察敏锐，记忆持久而准确，思维敏锐而丰富，激发和强化学习的内在动力，从而调动学习的积极性。换句话说，学生作为具有能动性的学习主体，其在学习过程中的主动性、积极性、创造性是学习活动能否取得成效的关键内在因素。因此，现代教育越来越强调引导学生主动学习。

教育实践表明，浓厚的学习兴趣、强烈的成就动机、积极主动的学习态度能促使学生全身心地投入学习并不断取得进步。因此，我们应该改变传统的对学生的认识，不再把他们当作“知识的容器”，而应认识到学生是学习的主体，有着主动学习的愿望，学生原有的知识经验、个性特点、思维方式等对于学生的知识建构有着重要的意义，而学习上的成功体验则是推动学生不断学习的原动力。

（二）学生是自主发展者

学会学习，让学生走自主发展的道路，是当前教育界全面推进素质教育过程中的热门话题。而我国的传统教育是一种封闭的保姆式的教育，有诸多弊端：在教育计划上管得过死，有益的活动少；在教育场合上，学生被封闭在校园中、课堂内，参与社会实践少；在教育方式上，学生的自由少；在教育的组织上，班主任包办一切，琐事缠身，师生沟通少，处处被动；在评价学生的标准上，“听话”“老实”才是好学生；在师生关系上，往往是我教你听，我令你行。好学生听老师的话，处处服从老师的意志，形成较强的依赖性；不服管教的学生与老师关系紧张，产生逆反心理。这种封闭式教育培养出来的学生不能做到自主、自理、自立、自强，缺乏开拓精神，创造力差。

在新时期，随着现代教育研究的不断深入，人们越来越深刻地认识到学生是发展中的人，处于成长过程中，有着巨大的发展潜能，有着无限的发展可能性，尤为重要的是，学生作为具有主体意识的活生生的“人”，他们的发展不能被限制、被安排、被规定，而应由学生自主选择、自主决定。当然，青少年学生处于成长时期，各方面发展都不够成熟，因此成人的教育和关怀成为他们发展中的必然需要。但这并不意味着教师可以主宰、代替学生的发展，教师应成为学生发展的促进者，帮助学生发现自己的潜能，并为学生的发展提供广阔的空间，最终实现学生的个性化发展。因此，学生在课堂教学中的角色应由传统的受安排者转向自主发展者。

（三）学生是教育工作的能动合作者

我们知道，事物内因是调动外因发挥作用的关键。教育学生主要是对学生施加影响。无论怎样，就学生而言，其身心发展的外因还是教育教学，教育教学要与学生的内在动机、兴趣和需要以及他们自身的经验过程与内部的心理变化相结合之后，知识才会真正变成学生的智慧与能力，使社会所要求的学生思想道德成为学生的真实个体品格。所以说，若学生不主动参与和合作，再“好”的教育也是无效的。现代教学论认为，教学是教师的教与学生的学的统一，是师生交往、生生交往，积极互动共同发展的过程。传统教学漠视学生的主体性，只把学生看作被动接受知识的“容器”，只看到师生之间存在着一种单向的知识传递与接受的关系，而无视师生之间、学生之间的交往互动，或者认为这种交往互动对于教学毫无意义。随着对教学过程本质的探讨不断深入，人们逐渐意识到学生在学习中是具有自主意识的独立个体，教学要想取得良好的效果，需要学生与教师的合作，即课堂教学从传统的教师单向传输转变为师生合作学习。合作意味着平等充分的沟通，意味着相互认同、相互补充、相互促进。为此，学生应具有开放的心态、进取的意识和成长的渴望，乐于与他人打交道。同时，为了满足平等交往的要求，学生也要尊重不同和差异，尊重多样性和每一个人的独特性，正是因为不同和差异，才有合作的必要，通过合作来互通有无、优势互补。

第二节 教学方法的界说与分类

一、教学方法的界说

简单来说，教学方法是指教师和学生为完成一定的教学任务，在教学过程中采用的一整套相互作用的活动方式的总称。

但在其具体的概念界定上，人们有很多不同的见解，在不同的层面也存在不同的理解，这里主要列举其中几个重要的概念界说。

（一）途径说

这一观点主要认为教学方法是教师和学生为了完成教学任务而进行的认识活动的途径。在国外，持这一观点的学者有苏联的教学论专家 C. П. 巴拉诺夫、美国学者克拉克等。其中，巴拉诺夫认为，教学方法是教师和学生为了完成教学任务而进行理论和实践活动的途径①；克拉克认为，教学方法是教师为达到教学目的而组织和使用的教学技术、教学材料、教具和教学辅助材料的方法②。我国也有学者赞同这一说法，如吴杰认为，教学方法是教师与学生为实现教学目的，完成教学任务所采用的途径和程序③；唐文中认为，教学方法是通往目的的途径，是旨在达到一定目的并按照一定原则加以调节的活动④。

（二）方式说

这一观点认为教学方法是教师和学生为实现教学目的所采用的手段或方式，持这一观点的代表学者有达尼洛夫、叶希波夫、弗·鲍良克等。其中，达尼洛夫和叶希波夫认为，教学方法是教师的工作方式和由教师领导的学生的学习方式⑤。弗·鲍良克则认为，教学方法是教学的工作方式。教学是师生的共同劳动，因此任何方法都具有两方面的意义：既关系到教师的工作方式，也

① ［苏联］巴拉诺夫，等．教育学［M］．李子卓，等译．北京：人民教育出版社，1979：164.

② Leonard H. Clark, Irring S. Starr. *Secondary school teaching methods*［M］. Hants: MacMillan Publishing, 1976: 25.

③ 吴杰．教学论：教学理论的历史发展［M］．长春：吉林教育出版社，1986：439.

④ 唐文中．教学论［M］．哈尔滨：黑龙江教育出版社，1990：199.

⑤ ［苏联］姆·阿·达尼洛夫，勃·朴·叶希波夫．教学论［M］．北京师范大学外语系，译．北京：人民教育出版社，1973：280.

关系到学生的工作方式[①]。我国学者彭永渭也持这一观点，他认为教学方法是教师和学生为完成教学任务、实现教学目的采用的工作方式或手段[②]。

（三）程序说

这一观点认为教学方法是教师发出刺激和学生接受刺激的一种程序，持这一观点的代表学者有美国学者拉斯卡和德洛扎克。拉斯卡认为，教学方法是教师发出刺激和学生接受刺激的程序[③]；德洛扎克认为，教学方法是指大多数教师能够充分加以运用并适合于多学科反复使用的教学步骤或程序[④]。我国也有学者持这一观点，如田慧生、李如密认为，教学方法是在教学过程中教师指导学生学习以达到教学目的，由一整套教学方式组成的操作策略[⑤]。

除了以上几种观点，学术界关于教学方法的概念界定还有许多其他的观点，如李秉德、李定仁认为，教学方法是在教学过程中，教师和学生为实现教学目的、完成教学任务而采取的教与学相互作用的活动方式的总称[⑥]；斯卡特金认为，教学方法是教师的一整套有目的的动作，教师通过这些动作组织学生进行认识活动，使学生掌握教学内容，从而达到教学目的[⑦]；等等。这些观点虽然各不相同，但有一定的相同之处，如它们都强调教学方法必须为教学目的服务，强调教学方法是师生共同活动方式的总和，强调教学方法是教和学相互作用的双边活动，在教学过程中，教法和学法是相互影响和相互作用的，教学活动不是相互并列的教

① [南斯拉夫]弗·鲍良克．教学论[M]．叶澜，译．福州：福建人民出版社，1984：91.

② 彭永渭．教学论新编[M]．沈阳：辽宁教育出版社，1986：139.

③ John A. Laska. *The four basic methods of instruction*[J]. Educational Technology. 1984(6).

④ Edward L. Dejnozka, David E. Kapel. *American educator's encyclopedia*[M]. Westport Conn: Greenwood Press, 1982: 519-520.

⑤ 田慧生，李如密．教学论[M]．石家庄：河北教育出版社，1996：205.

⑥ 李秉德，李定仁．教学论[M]．北京：人民教育出版社，2003：196.

⑦ [苏联]斯卡特金．中学教学论[M]．赵维贤，译．北京：人民教育出版社，1985：221.

的过程和学的过程，而是教与学双方凭借教学方法不断地进行教学信息交流和反馈的过程。因此，本书认为，教学方法是教师在教学中为完成一定的教学任务，实现一定的教学目标，达到一定的教学目的而采取的教学途径或教学程序，是以解决教学中出现的各种矛盾和问题，最终完成教学任务，实现教学目标为目的的师生之间共同进行的认识与实践的一个完整体系。

二、教学方法的分类

教学方法多种多样，有的是在教学理论基础上发展起来的，有的则源自教学实践，而且随着理论与实践的发展，还会出现更多的教学方法。面对众多的教学方法，研究者开始进行分类，以方便介绍和研究。由于分类的依据不一样，分出的类别也多种多样，本节以教学中常见的教学事件为依据，将教学方法分为以下几种。

（一）引起注意的方法

苏联教育学家乌申斯基曾说过："注意就是那扇门，一切外部世界进入人的灵魂的东西都通过这扇门。"教育也是如此，只有引起学生的注意，才有助于学生全身心投入学习中，也才能不断提升教育的效果。在现代教育中，常见的引起学生注意的方法主要有以下几种。

1. 创设认知冲突或好奇新颖的任务情境

当给学生呈现的内容与其原有观念不一致，或者用原有观念推导，导出与原有观念存在矛盾的结论时，认知冲突由此产生。教师可以用这种方法，即利用知识间的矛盾和差异吸引学生产生继续学习的兴趣。例如，学习自由落体运动时，学生认识到重的物体比轻的物体下落得快。但是当用两张同样重量的纸，一张团成纸球，另一张则保持原状，将它们从相同的高度同时扔下，结果小纸球先落地，这就与之前的理论产生矛盾，用这种方法就可以使学生对自由落体运动产生更大的兴趣，有助于吸引学生的注意。

2. 唤起学生的情绪反应

当学生对所教的内容有一定的情绪反应时，他们对教学内容的注意力更高，因此唤起学生的情绪反应也是一种常见的吸引学生注意的方法。例如，大部分南方同学没有亲身经历过北方的大雪，因此在学习峻青的《第一场雪》时，常常无法体会文章中胶东半岛银装素裹的世界之美。对此，在课程开始前，教师可以先给学生放一段北方大雪的视频，将胶东半岛大雪纷飞的世界生动地展现在学生面前，让学生体会北方大雪之美，再在此基础上进行课文内容的学习，相信会取得不错的效果。

3. 给学生呈现富有挑战性的任务

让学生亲身去寻找答案，或做任务，也有助于调动学生的兴趣。例如，教对数时，有教师向学生提出如下问题："我国1949 年钢的产量为 15.8 万吨，1972 年钢产量达到 2 300 万吨，求我国从 1949 年到 1972 年钢产量平均每年的增长率。"这类问题的相关知识，学生在学习一元二次方程时已经学习过。设所求的平均增长率为 x，则 $15.8(1+x)^{23}=2\ 300$，所以 $1+x=\sqrt[23]{2300/15.8}$，$x=\sqrt[23]{2300/15.8}-1$。这时，教师对学生说，要把 2300/15.8 开 23 次方，是很困难的，但是，如果我们学习了对数，就很容易解决这个问题，从而引起学生学习对数的兴趣。

（二）呈现教学内容的方法

呈现教学内容是将需要学生学习的教学内容呈现给已做好学习准备的学生。在现代教育中，常见的呈现教学内容的方法主要有讲述教学法、演示教学法两种。

1. 讲述教学法

讲述教学法又被称之为讲演法，是指以教师为主导，由教师以口述语言向学生传授各种知识的教学方法。讲述教学法起始于5世纪的希腊时代，在中世纪大学中盛行起来。直到今天，讲述教学法仍然是教师常用的教学方法。随着社会的变化和时代的变迁，讲述教学法在课堂中的运用已日益呈现出多种不同的混合形式。比如，除了教师本人的讲述，辅之以少量实例；信息技术手段也逐渐成为讲述的重要辅助工具。讲述越来越多地与讨论等方法结合运用。

讲述教学法是教师常采用的教学方法，它的历史悠久，容易操控，能以最经济的方法产生一定的学习成果，所以很受欢迎，特别是在语文、历史等文科教学上，运用尤为广泛。它的优点是可以在较短的时间里传递比较多的知识，省时省力，也可以让学生系统地掌握知识，为今后的学习打下好的基础。但这种方法容易使学生形成被动的学习习惯，氛围单调乏味，未能照顾学生个体差异，不适用于年幼的或学术背景较弱的学生群体。因此，教师在教学中要将讲述教学方法与其他方法结合在一起使用。

2. 演示教学法

演示法，是教师用实物或教具将教材内容表演出来，或做示范性实验，以说明或印证所授知识的一种教学方法。演示活动是理论联系实际的一个重要方面。先演示，使学生形成感性知识，然后在讲解中运用学生已经具有的感性知识，来启发学生理解所学的内容，学生就容易接受。通过演示实验，把许多复杂问题简明化，抽象问题形象化，使学生易于理解，便于接受。例如，机床、刀具等课程，过去讲到关于齿轮的齿形辗成过程等问题，由于机床在高速运转中根本不可能观察到，教师只能借助于挂图进行抽象的讲述，学生接受起来比较困难。如果学校设计制造一种教具，可以把上述问题形象地演示出来，学生接受就容易多了。

但演示教学法也有一定的局限性。首先，在实施演示教学法之前，教师需要做很多准备工作，在必要的情况下还需要预演，有时要安装仪器和设备等，还需额外的许多帮助。因此演示教学法花费的时间往往较多，而且有时费用也较为昂贵。其次，学生的注意力常常是有限的，而演示教学又需要学生注意多方面内容：既要关注实际技能的掌握，又不能忽略其中的各个步骤以及各步骤之间的关系；既要分解各技能的动作，又要形成对各动作的整体性认识。因此，教师在应用这种方法时，需要综合考虑其优势和不足，结合其他教学方法共同开展课程教学。

（三）促进知识重建与转化的方法

促进知识的重建与转化，主要针对知识学习的后期。重建是指陈述性知识与其他知识建立联系，转化是指陈述性知识转化为程序性知识。相应的教学方法主要是复习法和练习法。

1. 复习法

复习法就是把学过的东西再学习，以深刻理解、牢固掌握知识和技能的学习方法。复习过程是对教材进行分析、综合，使知识技能形成系统并得以巩固的过程，有助于发展记忆力和思考力，同时还可以对所学教材查漏补缺，避一步掌握重点，克服难点。例如，学习了内环境、血液的相关内容后，可以用复习的方法引导学生理清内环境、血浆、组织液、淋巴、红细胞、血小板、白细胞等概念间的关系。学了这么多概念，如果不及时进行复习、比较，学生会形成很多错误的认识，如误认为血液是人体的内环境的组成成分。按照复习的时间间隔，可以将复习方法分为以下几种。

（1）经常性复习法，即在日常教学的各个环节中采取各种方式复习，使学生以旧知识为基础，去了解和接受新知识，巩固新知识。课后及时复习是最基本的复习工作，它不仅能使旧教材与新教材相联络，还能使旧教材成为新教材的类化基础。

（2）学期、学年开始时复习法。这种方法的目的在于重温过去的知识，给新学期或新学年开始的学习奠定良好基础。

（3）阶段复习法，即在学习完某一单元后的复习。目的在于帮助学生把这个单元的众多知识点连贯起来,使知识得到系统性的巩固、充实、提高,以增进学生理解和记忆。

(4)总复习法,即对学过的全部教材进行总结性复习,使学生加深理解它们之间的内在联系,并得到系统的、牢固的掌握。因这种复习范围广、内容多,学生可以从中得到新的见解,获得系统的观念。总复习通常在学期或学年考试前进行。

2. 练习法

练习法是为了使学生形成某种技能技巧,教师指导其运用知识去反复做一定的任务,促进理论知识的实际运用,并最终转化为技能的方法。

在知识学习中,只凭教师传递书本知识,学生无法获得程序性知识。个体想要掌握和获得程序性知识,必须到具体的活动情境中亲身体验。将陈述性知识转化为程序性知识实质就是让学生掌握做事的规则。学生能够在新的环境里解决类似的问题,说明他已较好地掌握了程序性知识。学生能够顺利完成任务,必须要理解、领悟陈述性知识;将陈述性知识进行消化、升华和内化;将陈述性知识个体化、情境化、具体化。

一般来说,练习法主要针对的是属于程序性知识的科目。理科知识和部分文科知识是关于如何"做"的知识,在头脑中是以产生式系统来表征的。人们在学习程序性知识时,其学习机制是一个"自适应的产生式系统",该系统能通过观察获取新的产生式,并融合于原有的知识系统中,从而能够解决更多的问题。学生通过对产生式的演练可以达到掌握程序性知识的目的,因此教师的主要任务是在示例的基础上,让学生反复练习,以达到熟练的程度。

(四)促进新旧知识联系的方法

促进新旧知识联系是最为关键的一个教学事件,可以说是整个教学过程的核心。这里的联系是指两方面的联系:一是新知识内部的联系，二是新知识与学生相关的原有知识的联系。只有建立了这两种联系，新的知识才算被理解了、被习得了。在现代教育中，常见的促进新旧知识联系的方法有精加工式提问法和记忆法。

1. 精加工式提问法

精加工式提问法是一种结合所学内容向学生提问，以促进学生建立新知识内部的联系，或是激活原有知识并促进新旧知识的整合，即促进学生将新旧知识联系起来的一种教学方法。教师在应用这种方法时，一般会将其分成不同的情况。例如，见到一个现象，要习惯于问一问产生的原因是什么，意在引发学生调动知识的积极性，进而了解问题隐含的过程及其产生规律。又如，在学习了某些知识或规律后，向学生提问是否能将这些规律推广到其他现象中。这种提问方式有助于学生将另一种情境中的应用信息与原有的知识经验联系起来。再如，向学生提问同一物体的不同部分或不同物体、不同现象之间的异同问题，比较互相矛盾的解释、说法、理论等。这种做法通过分析对比，将两个概念的不同知识结合起来，让学生在不同的情境中分析知识之间的联系。

2. 记忆法

记忆法也称记忆术，是采用特殊的方式进行识记，人为地改善记忆效果的技巧和方法。这种方法与精加工式提问法不同，后者旨在建立实质性的、非人为的有意义联系，而前者侧重于建立人为的、机械的联系，它更多地被应用于记忆内容的组织、联系上。例如，由于对英语毫无基础，很多教师在教授英语时，会先将英语单词转换成发音类似的母语单词（关键词），然后生成一定的形象或句子，由此将关键词和母语的意义组合在一起。如“merchant”这个词，教师就有可能先将其转化成与之发音类似的母语词语“摸钱的”，然后在关键词（摸钱的）与其意思“商人”之间建立联系,可以想象一名商人正在数钱,也可以造出“商人整天与钱打交道(摸钱)”的句子来建立“merchant”与商人的联系。

第三节　高校教学方法改革

一、高校教学方法改革的必要性

当前,我国正在进行创新型国家建设,而高校担任着培养创新型人才的重大历史使命。由此,高校教学不仅仅承担着传承知识的任务,也肩负着创新知识的使命。同时,高校教学更应培养学生的学习能力、解决问题的能力、交流能力、团队合作能力和创新能力,让他们能更好地适应社会发展的需要。要培养出适应现代社会发展需要的高质量人才,高校就应开展教学方法改革。具体来看,高校教学方法改革的必要性主要表现在以下几方面。

(一)传统教学方法存在较多弊端

教学方法是高校人才培养质量标准得以实现的方式。不同的教学组织形式和教学方式对大学生知识学习、能力培养和素质养成将产生截然不同的效果。而传统的课堂教学是教师在台上讲,大学生在下面听,教师一讲到底,没有一点讨论的气氛。大学生摆脱不了上课记笔记、下课对笔记、考试背笔记、考后忘笔记的状态。教师只关心如何将教学大纲上规定的内容讲完,不关心大学生是否理解,很少注意培养大学生科学的思维方法和分析问题的能力。这种方法忽略了大学生的主体地位,忽视了大学生的个性需求,课堂上教师与大学生之间缺乏互动和沟通,大学生难以积极主动地参与教学活动,而往往成为知识被动的接受者和机械的应用者,导致其实践能力不足、创新精神缺乏、团队意识淡化等。因此,高校教学方法改革成为必然,只有不断革新传统的教学方法,纠正其弊端,才有助于高等教育教学目标的实现。

（二）高等教育的发展迫切要求改革教学方法

回顾我国高等教育发展历程不难看出,原有的高等教育体系是在高度集中的计划经济体制下形成和发展起来的,基本上满足了当时社会发展与建设的需要,为我国社会主义建设事业做出了重大贡献。但是,随着我国改革开放的不断深入,以及经济社会的不断发展,原有的高等教育体系与社会对高水平人才的需求存在一定矛盾,如高等教育体制改革相对滞后于经济体制改革的步伐;教育思想和教育观念与时代不相适应;教学内容、教学方法和教学手段与跨世纪人才培养的要求不相适应;师资队伍建设跟不上改革开放的步伐。针对这些问题,我国开始进行高等教育改革。

教学是高校的中心工作,教学方法是实现教学目标、保证教学质量的重要手段。同一门课程,同一堂课,由不同教师来教,获得的教学效果是不同的。同一个教师采用不同方法讲授同样的内容,同样会获得不同的教学效果。这就说明了教学方法对教学质量的深切影响。因此,作为以提高高等教育质量为目标的高等教育改革自然也将改革高等教育教学方法提上日程,并重点关注。近些年各高校非常重视教学方法的改革,也正说明了教学方法的选择对教学效果的重要影响。

（三）知识经济的发展要求改革高校教学方法

21 世纪是依靠知识创新、知识应用以获得可持续发展的世纪。全球信息化、经济一体化和新一轮的技术革命对人才提出越来越高的要求。高校是培养人才的重要基地之一,迎接知识经济的挑战成为必然。一方面,知识经济对高等教育提出了更新、更高的要求,高等教育面临着千载难逢的机遇和挑战。另一方面,在以智力、知识资源为基础的经济时代,以知识的传播、创新以及转化成生产力为己任的高校，将肩负起更加重要的社会职责，社会亦将更加重视高校的特殊作用，社会经济的发展在更大的程度上依赖于高校。适应知识经济时代的要求，变革与创新教学方法，是培养创新人才的关键。探寻高校教师教学方法的新途径是非常必要的。

21 世纪是知识经济的时代。所谓知识经济，是以知识与创造力为基础的经济，是建立在知识和信息的生产、分配、使用和消费之上的经济，其显著特征：科技发展速度进一步加快，知识创新的速度也进一步加快，从而使技术革命到产业革命的周期缩短。因此，加快创新人才的培养是迎接知识经济的挑战，在激烈的国际竞争中求得生存和发展的唯一出路。一方面，高校教师要破除满堂灌的陈旧教学方法，多用启发式、讨论式和案例教学，激活学生的思维，调动学生的主观能动性，培养学生逻辑思维能力和创新意识。另一方面，高校教师要以提高素质为目标，培养能力为重点，拓宽基础为手段，培养学生的实践创新能力、与人打交道和终身自学的能力。

（四）高等教育的大众化和信息化要求改革教学方法

众所周知，21 世纪是科技信息时代，经济快速发展，全球化、国际化浪潮一浪高过一浪。在这个大背景下，教育也与国际接轨，人们对于高等教育的需求愈加饥渴，以往的精英教育已不能解决人们对高等教育的迫切需求。因此，我国开始推行高等教育大众化的政策。近年来，随着高校逐年扩招，我国高等教育逐步迈进大众化阶段，在校大学生的人数剧增，导致原有的教育教学资源严重不足，高校生源的素质差距明显扩大。大众化教育阶段对人才的培养更多的是面向社会多样化的需要和市场需要，这无疑给高校传统的教学方法带来了强烈的冲击。传统大一统的单一的教学方法忽视了学生的个性差异，已不能满足培养目标多样化的现实需要，必须进行改革。

同时，20 世纪 90 年代以来，信息技术不断创新，信息产业持续发展，信息网络广泛普及，信息化成为全球经济社会发展的显著特征，并逐步向一场全方位的社会变革演进。进入21世纪，信息化对经济社会发展的影响更加深刻，高等教育作为我国重要的人才培养基地，自然也深受影响。全球信息化浪潮对高等教育的改革与发展产生了革命性的影响，它不仅给我国高等教育带来了一次良好的发展机遇，而且也对我国高等教育人才培养模式、培养目标、教育内容以及教育的技术手段提出了严峻的挑战。而传统的教育方法显然不适应高等教育信息化发展中教育思想观念的现代化、教育时间终身化、教育空间网络化、教学交互化、教育内容数字化、教育资源共享化、教育技术智能化、教育个性化、教育对象全民化、教育系统开放化、教育国际化的特征，因此进行高校教学改革势在必行。

二、高校教学方法改革的指导思想

高校教学方法改革应遵循以下指导思想。

（一）要能适应大学生的身心发展需要

高校教学方法改革的一个重要目的就是推动高等教育质量的提升，而高等教育质量的提升最终落脚点在大学生身上，也就是说，只有大学生自身有所提升，高等教育质量的提升才能显现。在教学实践中，有些教学建立在遵循知识发展逻辑基础之上，却不尊重学生的身心发展规律，学生本身的感受、个性、情感和态度等常受到压制。有效教学应该依据学生不同阶段的身心发展规律、学生不同个体的身心发展特点、学生不同时代的身心发展需求等方面追求知识呈现的有效方式。基于此，高校教学方法改革首先要与大学生身心发展需求相适应。

从身心发展特点上来看，大学生年龄一般在18～24岁，他们的生理结构及机能方面都达到了最高的发展阶段，但还存在明显的差异性；一些新生的学习方法还难以完全适应高校学习的要求，思考问题容易偏激、片面，运用辩证逻辑解决问题也还有一定困难。除此之外，由于当前大学生多属于独生子女，有不少人在自我意识、自我调节方面的自觉性和稳定性较弱，在学习上对老师的依赖性较强，自主学习能力较差。因此，高校应针对不同大学生的差异，因材施教，进一步培养大学生的辩证逻辑思维能力，努力提高大学生的专业理论水平和自主学习能力，并使大学生心理智能向更成熟的方向发展。

在这里需要注意的是，高校教学方法改革要适应大学生的身心发展需求，但同时也应有一定的超前性，这样才有利于大学生学习独立性的提高，促进学生身心向更高阶段发展。

（二）要有利于构筑大学生合理的知识、能力与素质结构

教学方法是为实现一定的教学目标所采用的方法，而高等教育改革的目标是全面提升人才培养质量，这一目标的转变必然要求教学方法随之发生相应的变化。在传统教学模式中，高等教育追求的是对大学生知识的传授，与之相对应，高校教师采用的教学方法也主要是讲述法。而在现代社会，高等教育追求的不仅仅是知识的传授，更追求大学生能力的培养与素质的提高。与此相对应的教学方法，不但要采用传统的传授法，而且要采用与能力培养、素质提高相适应的教学方法，如基于问题学习的教学方法等；教师教学要贯彻启发式教学方法，不能只传播“死”的知识，还要传播“活”的知识，不仅要教知识，更要教方法。

（三）要有利于激发大学生学习兴趣和体现大学生主体作用

研究发现，学习兴趣的强弱和学生能够主动参与课堂教学是影响教学效果的重要因素，因此高校教学方法的改革必须能有效地激发大学生的学习兴趣和求知欲。能够激发大学生的好奇心、探索新事物的求知欲和浓厚的学习兴趣的教学法有直观教学法、问题教学法、发现教学法等。在改革大学教学方法的过程中，高校教师要改变以“注入式”和死记硬背为特征的传统教学方法，采

取各种形式，体现大学生在学习过程中的主体地位和能动作用。同时高校教师要注重将创造、发现的因素引入教学过程，让大学生由学会知识较为学会学习再上升到学会研究。

（四）要有利于促进师生互动和教学相长

教学方法是教师与学生相互联系、相互作用的纽带。高校教师在设计教学方法时，要把教学方法与学习方法统一起来，使自己既成为教法的运用者，又成为学法的指导者，在完成教学任务的同时，积极与大学生进行沟通，促进师生双方的教学相长。为此，高校教师在教学方法上应改变传统的“满堂灌”式单向知识传授方法，以激励、组织、点拨、引导学生的学习，在教学中充分发扬教学的民主精神，激发和保持学生学习的动机和参与意识，培养学生的自主学习意识和独创精神，使教学过程成为师生双方共同参与、互相合作的过程以及学生主动学习、能动发展的过程。

三、高校教学方法改革的思路

教学方法改革是一个系统工程，它不只是简单的教学手段、技艺的改革，还涉及教育教学观念、管理体制、政策环境等一系列与人才培养相关的问题。从其实施方向上来看，高校教学方法的改革主要从以下三方面入手。

（一）在理念上由“教知识”向“教学习”转变

学生是学习的主人，我们的一切教育都是为学生的发展服务的，只有尊重学生的主体地位，课堂教学改革才能取得实效、走向成功。而要尊重学生的主体地位，就要站在学生的角度研究学生，研究学生用什么样的方式与方法去学更有效；研究在学习过程中怎样突破难点；研究如何把知识与能力相结合，实现学以致用；研究如何对学习保持持久的兴趣等。总而言之，这些问题始终都绕不开学生认知规律的研究。

传统的高校教学法重视对大学生知识的传授，而在新时期人们更强调“授之以鱼，不如授之以渔”，即重视将学习的方法教授给学生。尤其是在知识经济大爆发的现代，知识更新的速度不断加快，每天都有无数新知识诞生，高校教师根本无法将所有的知识传授给大学生，在这种情况下，教会大学生学习的方法就显得尤为重要。换句话说，在教学的过程中，高校教师不仅要教会大学生掌握系统的知识，而且要教给大学生获得独立的学习与更新知识的方法与能力。

没有动力不想学，没有方法不会学。在不断提升大学生学习的动力的同时，高校教师还要花大力气解决学习方法和习惯问题。所谓“会学”，就是学习者能根据学科特点及个人认知风格、水平和学习环境，善于运用规律和方法，借助良好习惯，去解决学习中的一系列问题，如确立目标，制订计划，坚持学习，自我反思、评价、修正、调整、改进与提高等。有了良好的学习方法和习惯，大学生才有能力和实力兑现学习愿望，才能做到有效学习；没有良好的学习方法和习惯，再好的学习愿望也不起作用，只能是英雄气短，空有抱负，久而久之，学习愿望也会如泄了气的气球，无法高飞。

（二）在方式上由灌输式向启发式转变

孔子认为：“不愤不启，不悱不发，举一隅，不以三隅反，则不复也。”这句话的意思是说，学生处于求懂而未懂透、想说又说不出来的积极思维状态中，教师才给予开导、启发。孔子强调的是教师要引导学生积极主动思考问题，探索解决新的问题。苏格拉底从母亲的“助产术”中得到启发：产妇生产需要产婆助产，但是出生婴儿更要靠产妇自己。同样，知识的学习必须靠学生自己去发现，老师只能起到启发、引领和帮助的作用。两位古代教育大家的共同之处：都提倡通过问答来启发学生纠正错误的观点，重视启发学生学习的自觉性，进而充分调动学生思考问题的积极性，发挥学生的学习主体作用。

在传统的高校教学模式中，为了尽可能多、尽可能快地将知识传授给大学生，高校教师一般会采用带有明显“知识注入”特点的灌输式教学。在课堂教学中，高校教师根据教学任务的划定，将知识单向传送给大学生，忽视大学生积极性的调动及大学生独立学习活动的组织和学习方法的指导。这种教学模式，只能教会大学生模仿和记忆，压抑大学生学习主动性、积极性的发挥，使大学生学习的独立性、创造性难以得到发展。

当今世界，社会和科技发展迅速，对人的素质提出了更高的要求，人的创造能力的培养，人的智力的发展日益受到人们的重视。因此，在教学中如何启发大学生动脑思考，以发展大学生的思维能力和创造能力，已成为国内外高校教学方法改革重点关注的问题。为适应时代发展和培养创新型人才的要求，高校教师应注意运用启发式教学法。而要做到这一点，高校教师首先要着眼于调动大学生学习的积极性与主动性，使大学生处于积极的状态；其次，要将教学活动的重点放在组织与指导大学生的独立学习活动上，并不断提高大学生学习的独立性程度与水平；再次，注重学习方法与研究方法的指导；最后，注意教学方法的多样性与灵活性及各种教学方法的相互配合，发挥教学方法的综合效应。

（三）在主体选择上由教师主讲向教师引导下的学生自主学习转变

教师作为教学方法实施的主体，其对教学方法的运用也会在很大程度上影响教学效果。在传统教学模式中，高校教师一般仅以课堂讲授为主。在课堂上，他们将所授知识通过各种方法展示出来，传递给大学生，大学生被动地吸收高校教师传授的知识，较难激发学习的主动性。而在新时期，随着现代教育对大学生自主学习能力的重视，高校教学方法也强调由教师主讲向教师引导下的学生自主学习转变。

教师指导下的学生独立的学习，即在课堂教学的过程中，教师转变传统的知识传授中的高级地位观念，转而以平等的态度引导学生开展自主学习的一种方法。在此过程中，教师可通过各种启发式、引导式的教学方法指导学生在一定的情境中完成相关知识的主动式学习,并根据所学的知识解决相关问题。换句话说,教师指导下的学生独立的学习,教师从传统的"传道、授业、解惑者"的角色向"设计师、引路人、推进者"转化,教师不再以课堂的操纵者、控制者的形象出现,而以学生学习的促进者、推进者和辅导者的形象出现,学生也不再是知识的被动接收者,而逐步转变为与教师共同进步的合作者。

教师指导下的学生独立学习的方法中,教师原有的知识权威优势不复存在。在教学中要设计教学情境,在学习过程中要给予学生适当的指导,尤其是要把握指导团队工作的技巧,这对教师来说是新的挑战。它不仅要求教师有坚实的知识基础,而且要求教师有最新的教学理念、较强的课堂组织能力和课程驾驭能力。再加上学生在学习过程中,需要在课外查阅大量的资料,因而教师还要引导学生掌握资料查找的正确方法。

而要切实推行教师指导下的学生独立学习的方法,高校教师就需要把更多的时间、空间留给学生,让课堂成为学生展示才能的舞台。在课堂教学中,让学生以主人的身份出现在课堂上,其意义不仅在于角色的变化,更重要的是学生的个性能得以充分发展,各尽其才,各展所能,最大限度地发掘自己的潜能,获得最好的发展。此外,教师在课堂教学中,要充分调动学生学习的主动性、积极性,让学生自己去思考、解惑、实际操作,在活动中充分发挥自己的才能,感受生命的生长和发展。

第四节　高校教师教学方法的合理选择

随着高等教育改革的不断深化,高等学校的教学方法如雨后春笋般涌现。每种教学方法都具有不同的特点与功能,都有它的优点和不足。面对众多的教学方法,高校教师应结合它们的特点,科学选择适宜的教学方法。

一、高校教师教学方法选择的依据

各种教学方法都有其优点，也有其不足，没有一种可以适应各种教学情况的万能教学方法。因此，高校教师需要依据实际的教学情况选择合适的教学方法。一般来说，高校教师选择教学方法需要依据以下几个方面。

（一）高校教学目的

任何教学方法都是为一定的教学目的和任务服务的，不同的教学目的和任务，要求运用不同的教学方法。教师必须选择与教学目的和任务相适应，能够实现教学目的和任务的教学方法。我国高校的教育目的，是培养具有创新精神和实践能力的德、智、体、美全面发展的专门人才。高校的教学目的是为这一教育目的服务的，高校教学方法的选择和运用，必须符合高校教育目的和教学目的的要求，为达到一定的教学目的服务。此外，高校的每门课程和每一堂课都有其各自的具体教学目的，目的不同，所采用的教学方法也应不同，这就要求教师去选取能够实现教学目的的最优教学方法。

（二）高校教学内容

在课堂教学活动中，教学内容不同，所采取的教学方法也应该有所差异。也就是说，教师应结合教学内容的差异，采用不同的教学方法。例如，社会学多采用社会调查方法，数学要做大量的习题演示，化学常用实验方法，而新闻学则需要经过大量的实践练习，教学过程中需要引导学生进入不同的新闻信息发布、获取、编辑、加工情境中，结合具体问题进行具体分析。此外，学科之间、内容之间不同的关系也需要采用不同的方法来传授。以高校英语教学为例，在英语听力部分教学中，教师需要不断强化学生的英语听力能力，常采用语言对话、听音解答等方式，而在阅读理解部分教学中，教师需要不断强化学生的词汇能力，常采用速记、做题等方式来帮助学生强化词汇能力。

(三)学生特点

学生的年龄、性别、经历、气质、性格、思维类型、审美情趣等不同,对教学方法也有不同的要求。特别是高校扩招以后,大学生的素质更是呈现参差不齐的现象,这就要求教师在教学过程中,根据学生的具体情况进行因材施教,选用适当的教学方法。只有选用与学生实际情况相适应的教学方法,才能提高学生的知识能力和思维水平,促进其健康发展。任何忽视教学对象的教学方法,都难以达到教学目的,甚至会产生相反的教学效果。目前,有些教师把适用于中学生的教学方法用于高校教学,也有教师把适用于成人教育的方法用于全日制本科生的教学,但都无法获得良好的教学效果。要改变这一现象,高校教师在备课、讲授或指导实验、实习的教学过程中,必须不断地考察、研究、总结教学对象的身心发展特征、知识程度和能力水平,并据此设计教学方案,选择教学方法。

(四)教师的素养和条件

教师自身的素养和条件,直接关系到选用的教学方法能否发挥其应有的作用。一般说来,教师往往使用那些自己掌握得比较好的教学方法。但是,一个教师对教学方法懂得越多,就越能找出最适合于任何特定情况的方法。此外,教师个性上的不同特点,也会影响他们对教学方法的使用,有的教师擅长用生动具体的语言进行描述,有的教师善长运用直观教具。不同特点的教师在教学方法的选择上,优先考虑的重点应是不同的。教师要根据自己的素养和条件,扬长避短,发挥个人优势,选择与自己特点相适应的教学方法。

二、高校教师教学方法选择的原则

高校教师在选择教学方法时,需要遵循一定的原则,这些原则主要包括以下几个。

（一）重视讨论和交流

在选择课堂教学方法的过程中，教师不要一味地受限于教材和大纲，而要采用发散性思维，注意加强师生之间、生生之间的交流和讨论，让学生在思维、思想、观念的交流与碰撞中，发挥主观能动性，不断进步。在此过程中，教师要及时地把自己的科研成果以及最新的科研信息或者自己的心得体会甚至是经验教训讲给学生听，让学生在接受知识的同时，随时了解相关学科的科研知识，用更广阔的思维深入学科知识中，获得更好的发展。

（二）重视创新精神的培养

重视培养学生的创新精神是现代教育的重要思想，也是现代教育普遍提倡的。在教学方法的选择过程中，教师要重视培养学生形成问题意识，综合利用知识，以灵活创新的思维活动、求实创新的实践活动去尝试错误、克服困难、解决问题的能力；重视学生参与科研的程度，使学生掌握科研的基本知识，培养学生的研究兴趣，提高学生的研究意识与研究能力，为其日后的科学研究打下扎实的基础。同时，教师要让学生做出自己的判断或决定，鼓励学生提出问题，尤其是提出新的见解，鼓励学生超过教师，这样才能有助于学生创新精神的形成。

（三）重视因材施教

对于已经步入青年时期的大学生来说，抽象思维能力的提高以及思维的独立性、批判性、创造性等方面能力的发展，使他们对教学方法的科学性和合理性要求变得更高。同时，大学生的年龄、性别、年级、经历、专业的不同，性格、兴趣、能力、思维类型和环境的差异，也给教学方法提出了不同的要求。因此，课堂教学不需要强求教学内容和过程的统一性，应当由每个教师各自独立地组织教学，发挥各自的教学特色，教学氛围一般较为随意和开放。在此基础上，教师也要重视因材施教，对教学方法的选择应注重学生的不同认知方式和个性特征，以便所教授的知识和观念能够真正内化为学生自己的知识系统和观念系统。

（四）要进行优化组合和综合运用

心理学研究证明，单一刺激容易产生疲劳，如果一堂课甚至一个教学阶段只采用一种教学方法，那么学生就会疲劳；如果采用多种教学方法，就能调动各种感官参与教学活动，提高学生学习的积极性，同时可以使学生以各种记忆方式和思维方式去理解教材，提高学习质量。一般来说，教学不会采用一种方法贯穿始终，因为教学目标的全面实现不是仅靠一种方法就能完成的。在现代高校教学改革中，应提倡教师掌握多种教学方法，根据不同的教学内容和目标来选择与使用不同的教学方法，通过不同教学方法的相互渗透和相互补充，发挥多种教学方法所构成的方法体系的整体功能。也就是说，高校教师在教学方法的使用中，必须避其所短，扬其所长，将不同的教学方法组合在一起，以取得更佳的教学效果。

三、高校教师教学方法选择应注意的问题

从课堂教学方法的运用上看，教师首先需要转变观念，由课堂的主导者变为教学活动的引导者，把学生从被动的知识接受者转变为主动学习的参与者和探求者。此外，教师在选择教学方法时，还要注意以下几方面的问题。

首先，教学方法的选择要与课堂教学活动的组织开展相配合，突出教学的整体性。像选择实验教学法，就必须考虑教师的示范活动、学生动手操作活动、实验后的探究活动、全班讨论活动等因素，结合选择使用讲授法、谈话法、归纳法。

其次，教学方法的选择要做到综合性、灵活性和创新性相结合。综合性是指根据教学任务和教学内容的要求，综合运用多种

教学方法，而不要长期使用一种教学方法；灵活性是指在教学方法的实际应用中，要从实际需要出发，随时对其调整；创造性是指从教学事件出发，在把握现有教学方法的基础上有所创造。

最后，教学方法的选择要强调学生非智力因素的培养，突出教学的情意性。运用良好的教学方法，可引起学生的学习兴趣，激发学生的学习动机，培养学生学习的积极情感，增强学生学习的自信心。

第六章　人本管理理念下的高校教师课堂教学管理研究

课堂教学管理是教师为有效利用时间、创造愉快的和富有建设性的学习环境以及减少问题行为而采取的组织教学、设计学习环境、处理课堂行为等一系列活动与措施。做好课堂教学管理工作是一个教师必备的能力。本章即对人本管理理念下的高校教师课堂教学管理的相关内容进行简要阐述。

第一节　课堂教学管理概述

课堂是学校工作的主要场所，良好的课堂教学管理，不仅关系着教学任务的完成情况，更对学生的全面发展有着潜移默化的影响。在教学过程中，教师为了能更好地将知识传递给学生，就要管理课堂的整体纪律，营造良好的课堂氛围。本节即对课堂教学管理的相关内容进行简要阐述。

一、课堂教学管理的类型

长期以来，人们进行了一系列课堂教学管理的实践与探索，总结出了丰富的课堂教学管理经验，形成了很多课堂教学管理类型。其中较为普遍的课堂教学管理类型包括以下几种。

（一）权威型管理

这种管理类型认为，教师在整个课堂的管理中发挥着关键的作用,教师有责任也应该有能力管理好学生的行为,而教师常常通过建立和强化课堂规则和有关规定来实现这一目的。权威型课堂教学管理强调规则、指令与要求,注重惩罚和控制。

权威型管理在我国的学校教育中是极为普遍的,除了文化与教育等传统因素外,也缘于权威型管理适应了应试教育的需要。应试教育需要的是挖掘学生在学习知识方面的潜能,在尽可能短的时间里积累或记忆尽可能多的信息,而来自权威型管理的强权式的压力能够迫使学生在短时间内集中精力,排除一切杂念,靠爆发力取得短时记忆的最佳效果。但与此同时,这种管理方式加剧了教师权力的泛化并促成了学生个体的权威人格,即对管理权威的依赖、服从,同时对被管辖者的强控制欲。在权威型管理盛行的教育环境下,学生不仅难以形成民主精神、平等意识,而且也难以形成自主意识、权利意识及责任意识,并有依赖性强、选择能力低以及缺乏客观的判断力的发展趋势,致使个体既不能正确认识和评价自己,也不能正确认识和评价别人。这些缺陷最终会限制个体的独立发展及创造潜能的开发。

(二)放任型管理

放任型管理强调学生自己的选择与自由,让学生自己作出决定,并对自己的行为负责。在此,教师的作用就是促进学生自治,促进学生的自然发展,因而,这种管理模式要求教师尽可能少地干预学生行为。同时,不宜有过多的课堂规则。

这种管理类型的教师意识淡薄,工作责任心较差,他们在课堂上表现为只顾讲课,不顾效果,放任自由。对于学生在学习过程中出现的问题漠不关心,也没有积极的课堂管理要求。学生表面上乐得自在,实际上求知需要得不到满足,往往产生对教师的不尊重。在放任型管理的课堂上,学生的学习动机与学习热情低,教学效果很差。

(三)教学型管理

教学型管理强调有效的行为管理是高质量教学的必然结果,

为此应重视课堂教学的设计与实施。教学型管理注重教学设计与学生的能力兴趣，注重课堂环境及教师明确而积极的指导。

在这种课堂管理中，如果教师认真进行教学设计，使教学变得有趣，与学生的能力及需要相适宜，且为每一个学生提供了获得成功的恰当机会，那么学生将始终保持浓厚的学习兴趣和强烈的学习动机，课堂行为问题出现的可能性自然大大减小。但同时，教学型管理仅限于教学过程局部管理，只管具体教学这一环节，不管学生来源和去向及毕业后干得怎么样，不利于学生的长期发展。

（四）社会型管理

社会型管理这是一种建立在社会心理学和群体动力学原则基础上的课堂教学管理类型，强调人际期望、领导行为、真诚接纳和课堂内聚程度。

这种课堂管理方式强调人际期望、领导行为、真诚接纳和课堂内聚程度，可以让学生在课堂中形成课堂群体，并在群体中保持一致的特定条件，有利于课堂秩序的维护，但不利于学生个性的发挥。

（五）沟通型管理

这种管理类型比较注重塑造良好的课堂氛围，认为只要塑造好了良好的课堂氛围，学生在这一氛围中便会自主进行学习，也就不会出现一些行为问题，这一管理类型强调真实、民主、交流、信任与理解。

这种管理类型的教师在课堂管理活动中积极、认真、宽严适度，善于通过恰当的启发与指导，保证课堂管理的有效进行；但也对教师的掌控能力有较高的要求，若教师掌控力不足，很容易让课堂秩序陷入混乱。

（六）行为型管理

该管理类型认为，任何行为都是通过学习获得的。学生要形成良好行为，一是消除他已经习得了的不良行为，二是培养他尚未习得的良好行为。行为型课堂教学管理强调榜样力量、行为强化和心理辅导。

这一管理方式的教师在教学活动中，教学目标非常明确具体，对每一教学过程都安排得科学、严谨、有条不紊，并能采用相宜的教学方法，在什么时候讲述，什么时候板书，什么时候该让学生自己思考，什么时候练习等都安排得非常妥贴，一环紧扣一环。但与沟通型管理一样，也对教师的要求较高。

二、课堂教学管理的特点

课堂教学管理具有显著的特点，概括来说主要包括以下几方面。

（一）整体性

影响课堂教学管理的因素是多种多样的，主要包括人的因素和环境因素两大类。人的因素包括师生的人格特征、态度、文化与经历、身心状况等，甚至家长、学校领导以及社会相关人士的态度、认同与鼓励等。环境因素则包括硬性环境因素和软性环境因素，其中硬性环境因素主要指物理环境（如学生活动空间、座位的安排等）、社会环境（如学生来源、课堂规范、师生行为等）、教育环境（如活动类型、难度及方法等）；而软性环境因素则指师生的感情、情绪活动与价值判断等心理环境。课堂教学管理受到这众多因素的影响，因而显得极为复杂多变。课堂教学管理必须综合考虑这些因素，从整体上把握才能收到课堂教学管理的真正效果。

（二）协作性

课堂既然是由教师、学生和环境共同组成的小型社会，那么就应该让教师和学生共同参与，共同建构。课堂只有在教师和学生协作建构的基础上才能得以发展与完善。在课堂教学管理过程中，教师应为学生提供充分表达意见和参与活动的机会，在师生合作和生生合作的基础上形成良好的学习环境。

（三）创新性

课堂是多样的，也是变化的。课堂中的学生来自的不同环境，他们的观念、思维方式、经历等都各不相同，因而必然有着各不相同的兴趣与需求。课堂中的学生正处于发展之中，他们在不断地成长、完善，而这一过程总会发生这样或那样的一些变化。为了适应这些课堂变化，课堂教学管理的方式、方法及管理的内容也就必然具有创新的性质，只有这样才能使动态的课堂教学管理获得真正的成功。

三、课堂教学管理的功能

课堂教学管理具有显著的功能，概括来说主要包括以下几方面。

（一）促进功能

课堂教学管理的促进功能是指良好的课堂教学管理能够增强、提升课堂教学的效果，促进学生的学习。可以从经济学的角度来分析课堂教学管理的促进功能，从经济学的角度来看，经济学追求的是效率至上的原则，课堂教学管理也不例外，效率至上是其主要的原则。课堂教学管理的效率指的是课堂教学结果与课堂教学整体投入之间的比例关系，其比值越大，则效率越高，反之亦然。课堂教学管理的促进功能主要通过以下途径实现：教师熟悉教材，了解学生，通过教学艺术，让学生掌握科学文化知识；建立和形成和谐亲密、团结合作的师生关系，通过师生的共同努力来完成教学任务；制定符合学校规章制度的课堂行为标准，协调课堂教学的步骤，以保证课堂教学顺利地进行；帮助学生形成良好的课堂常规习惯；调整班级集体结构，正确处理正式群体与非正式群体的关系，在学生群体中形成良好的人际关系。

（二）维持功能

课堂教学管理的维持功能是指课堂教学管理能够在课堂教学中，持久地维持良好的学习环境，有效地排除各种干扰因素，使学生充分地参与到学习活动中。维持功能是课堂教学管理的基本功能。从课堂教学的基本构成来看，课堂教学主要由教师、学生以及教学媒介构成。这里的教学媒介包括教学环境、教学信息、教学语言、教学媒体等所有的除人以外的一切能对教学活动产生影响的东西。教学对人的作用正是通过这一系列的教学媒介才得以进行，否则教学就不得以存在。然而，它们对教师和学生的影响并非有序的、固定不变的。在教学活动开始之前，这些教学媒介只是堆积或散布于课堂教学空间与时间里的杂乱无序的材料，它们对学生个体以及教师的影响往往因人而异，是与师生个体的经验相关的。为顺利达成教学目标和提高教学效率，就需要教师在课堂教学活动中把课堂教学时空中的教学媒介组织起来，这些都是课堂教学管理维持课堂正常秩序的功能的体现。

四、课堂教学管理的方法

教师要根据班级学生的特点，采用合适的方式进行有效的课堂教学管理。具体来说，可采用的方法有以下几种。

（一）利用群体约定形成班级规范

学生在群体活动中通常要遵循所在群体中约定的纪律、行为规范，否则就会感受到压力。一旦学生在群体中形成了这样的行为规范，教师在管理过程中就会相对轻松一点。而且由于是通过群体约定形成的，对学生的效用相对来说会更高一些。因此在课堂教学管理过程中，如果能够充分发挥学生的主体性作用，在制定班级的行为规范时，能够通过与班级学生的良好互动和沟通形成教师和学生都认可的班级规范，在实施过程中学生会更容易遵守。

（二）利用正式群体和非正式群体形成班级规范

学校班级中存在正式群体和非正式群体，教师在进行班级管理时，对正式群体应注意选择好群体的领导者，如班级的班长、学习委员、纪律委员等，好的班级正式群体的领导者会营造更为和谐、有序的班级氛围，对于课堂教学及学生的发展都非常有利。对于非正式群体，教师如果能根据群体中的“潜在领导者”的表现和特点，对积极的非正式群体给予鼓励和帮助，对消极的非正式群体进行针对性的教育和引导，将会促进非正式群体对班级的贡献，同时也能促进非正式群体中其他成员的发展。因此，根据班级的正式群体与非正式群体的状况，合理进行引导和管理，将起到良好的管理作用，有利于班级规范的形成。

（三）利用恰当的强化来形成班级规范

学生不良行为的形成可能是由于教师不当的强化造成的，也有可能是学生从不良行为中获得了自我强化而形成的。已有的研究发现，在教学活动过程中，教师关注的重点学生往往是学习较好或者学习不好且纪律比较差的学生，而学习不好但在课堂上比较听话、遵守纪律的学生往往会被教师忽略。有的学生在课堂上偶尔会出现不遵守纪律的时候，教师为了维持整个课堂的秩序很可能会点名批评这个学生，其实从强化的角度来说，这个时候教师的关注可能就成了这个学生捣乱行为的强化物，这个学生可能会为了继续引起教师的注意而继续捣乱。因此，教师在课堂教学管理的过程中，应该学会采用多样化的提醒方式约束学生的行为，当学生有良好的课堂行为的时候应该及时进行表扬或者关注，以强化其积极行为。强化得当，学生在课堂纪律行为、课堂参与行为方面都将会有明显的提升。

（四）利用言语与非言语暗示来形成班级规范

在课堂教学管理中，教师可以利用言语与非言语暗示来形成班级规范，具体来说，可以采用以下几种方法。

1. 直接提醒法

教师在讲课过程中发现学生私下说话的人数比较多，学生的自觉性不高，或者故意和教师唱反调的时候，可以采用直接提醒的方式进行，如直接对学生说："请大家不要说话"，或者"请大家保持安静"等命令性的语言。

2. 突然沉默法

如果教师在课堂教学过程中发现说话的学生比较多，而且说话的声音已经影响到了教学，就可以在教学的过程中突然噤声。这种方式最容易引起学生的注意，从而使其停止说话。但是此方法往往是治标不治本，如果不能对整个班级的课堂纪律进行有效管理，教师在噤声之后再开始讲课时，学生也会接着开始说话。

3. 邻近控制法

邻近控制法不易引起被批评学生的反感，对课堂教学秩序的影响较小。其具体做法是：在教学过程中，如果看到某位学生正在捣乱，教师可以一边讲课，一边不动声色地走下讲台，走向该学生。如果学生看到教师走下讲台，而且已经注意到自己了，而规范自己的行为，教师可从容地走过学生身边，不停留。但是如果此学生并没有任何改变，教师在讲课过程中可走近此学生后稍作停留。如果发现学生依然没有规范自己的行为时，教师可以用手轻敲其桌子示意其应该认真听课。

4. 目光提示法

在教学过程中，教师应与学生有目光交流，应通过对学生表情和行为的观察时刻关注学生的听课状态，如果学生有不理解的地方，教师可以通过学生的表情和目光了解，可在教学中稍作停顿，耐心讲解；如果学生有思想游离现象，教师也可以通过目光警示，让学生的思想回到课堂中来。需要注意的是，采用目光提示法，教师不必有任何打断教学过程的行为，也不会影响到其他学生的学习过程，相对简单易行，但前提是当教师在看某位学生时，这个学生也是在看老师的。

五、课堂教学管理的影响因素

课堂教学管理的影响因素有很多，概括来说主要包括以下几个。

（一）班级的性质

每一个班级都有自己的特点和群体规范，班级内学生的学习程度、努力程度、学习目标等相关状况也有不同，因此每个班级都有不同的班风和凝聚力。如果教师了解班级的性质及班级目标，根据目标调整管理方式，那么其管理效果就会显著提升。但如果班级的凝聚力相对较弱，或者学生的目标较为分散，教师就要更有针对性地进行管理，以获取较好的管理效果。

（二）班级的规模

班级的规模大小是影响课堂教学管理的一个重要因素。如果班级规模大，教师与学生之间的互动频率相对较低，教师与学生之间的心理距离就会拉大，他们之间的情感联结就相对较弱；如果班级规模过大，班内学生的个体差异就会更大，因此课堂教学管理中出现阻力的可能性也就明显增大，班级规模过大还会影响班内学生的交往，导致其情感联结弱化，这样的班级凝聚力很弱，管理就相对困难。

（三）教师的领导风格

教师的领导风格对课堂教学管理有直接的影响作用。一个只会采用高压政策管理课堂的教师，其班级的课堂纪律相对较好，但学生课堂的参与度会非常低，如果这个教师用更多时间来监督和管理班级，那么学生课堂学习的时间就会明显减少；而一个参与式领导风格的教师，就会主动创造良好的课堂氛围，鼓励学生发表自己的意见和看法，学生参与课堂的行为就会明显增多。

（四）学生对教师的期望

学生对教师的课堂行为会形成一定的期望，期望教师以某种方式进行教学和课堂教学管理，这种期望必然会影响教师的课堂教学管理。如果教师的实际行为与学生的期望不一致，学生就会不满。

六、课堂教学管理的有效策略

有效实施课堂教学管理，对于激发学生学习的积极性，增加教师自我效能感，保证教学顺利进行，提高课堂教学效率都有极其重要的作用。概括来说，有效提高课堂教学管理的策略主要有以下几种。

（一）团体动力课堂教学管理策略

团体动力是指团体会创造出自己的心理动力，并强烈地影响其成员的行为，这种心理动力亦可称为“团体动力”。它主要是指影响团体中个人行为的心理力量。教师对于团体动力的成功把握会有助于课堂教学管理的顺利实施，雷德和华顿博格提出了四种课堂教学管理策略：支持自我控制、提供情境协助、评价现实、诉诸“痛乐原则”。

1. 支持自我控制

学生在课堂上出现的不良行为多数是因为缺乏自我控制，有些情况下学生没意识到自己违反了课堂纪律，教师要做的就是帮助学生重新找回控制力。支持自我控制这一方法不主张运用暴力、强迫、惩罚的手段来对待学生，认为教师的任务是协助学生自我帮助。具体可以采用以下几种方法。

(1)信息提示

教师可以通过一些肢体语言让学生意识到自己正在犯错误，通常这一方法适用于不良行为刚刚出现的情况。

(2)表示兴趣

有些学生出现课堂违纪行为是因为对学生缺乏兴趣，这种情况下教师可以走进学生，鼓励他，激发他的学习兴趣。

(3)趋近控制

趋近控制是指当教师利用传递信息的方式不能达到目的时，可以靠近违反纪律的学生以警示学生，这样就可以促使学生停止不良行为，集中注意力。这也是一种默默暗示，无声批评。

(4)幽默

对情况的幽默反应，或者自我解嘲能够缓解可能造成问题行为的压力。它能够消解矛盾，促进问题的解决。教师通过幽默放松气氛，使学生反思自己的行为。但教师要注意不能用带有讽刺意味的言语戏谑学生，应该运用支持性的语言。

(5)视而不见

依照行为主义的强化原理，当消除强化时，个体行为就可以被消除或降低。尤其当学生违反纪律的目的是吸引教师注意、试探教师的时候，教师的干预往往成为对其行为的强化。因此如果学生的问题行为不严重，或对其他同学没有造成干扰，教师可以选择漠视这种行为。但要注意，不能让学生误解为教师的行为是对他们的放纵。

2. 提供情境协助

情境协助是指教师采取行动使学生回归任务，并尽可能减少干扰和中断。它不包括令人讨厌的非惩罚性或惩罚性的结果。教师应该留意学生在学习活动中参与度减少、注意力长时间不集中或者逃避学习等情况，以及明显违反课堂规则和程序的行为。对这些行为表现，可以直接处理，不需要过度反应。对于自控力比较差的学生，需要教师进行外部协助。通常的做法有如下几种。

(1)固定进度

固定进度可以增加学生对课程的预测性，也可以做好更充分的学习准备，否则缺乏稳定进度会让学生对于学习缺乏控制感。

(2)调整进度

在学生刚刚进行了剧烈活动使得身体或心理无法平复下来的时候，这时按计划实施教学不会取得好的效果，教师可以适当调整一下教学进度，换个活动方式进行。

(3)跨越障碍

在学生因为遇到学习中的困难而讲话的情况下，教师不应当责罚学生，而应该积极帮助他们克服障碍。

(4)隔离

对于在课堂上扰乱纪律的学生，教师可以暂时将他们与其他同学隔离。例如，小明在上课时跟别人讲话，老师可以拉着他的手到教室后面跟他说："等你决定好好听课时，就可以回到座位上。"教师要避免使用惩罚的方式解决问题。

总之，情境协助可以通过去掉使人分心的物体、强化适当的行为、激发学生的兴趣、提供暗示、帮助学生排除障碍、对行为进行再定向、转换课的内容等来实现。采用情境协助的方法时可以从学生的角度出发设置一个"原谅步骤"，通过确认分心的行为是否是次要的或一瞬即逝的，使学生不受惩罚地回归任务。

3. 评价现实

当学生在课堂上表现出不良问题行为时，教师要帮助进行分析行为可能产生的后果，对学生的行为做出客观中肯的评价，让学生认识到课堂上应该做什么、不应该做什么，为什么不能那样做等，修正学生对于自己行为的认识误区。此外，教师要注意在评价学生行为时的用语要客观真实、具有支持性,言辞不能带有侮辱或伤害性质。

4. 诉诸"痛乐原则"

痛乐原则是让学生认识到其不良行为之后必然会带来不愉快的结果。当学生认识到这一点,在进行行为选择的过程中就会趋利避害,趋向于选择能带来良好结果的行为。这一原则通常适用于以上几种方法都不奏效的情况下。

(二)需求满足策略

需求满足策略是由美国心理学家格拉塞提出的,他认为只有通过建立一个有意义的、真正能够满足学生需要的积极课堂环境,才能确保学生做出积极的、符合教学目标导向的行为。为此,格拉塞提出了三个基本主张:学校应有组织地满足学生在隶属感、权力、兴趣及自由等方面的需求;高品质的学习活动及评价工作可由学生自行完成;教师不能再采用只会用口语命令的"老板式管理者"的方式,而应采用以刺激及协助学生思考学习的"领导式管理者"的方式。这三个主张中涉及学生和教师两个主体,教师想办法满足学生的需求。学生主要有下面五种需求。

第一,生存的需求,也就是食物、免于受伤的自由等。

第二,隶属的需求,即安全、舒适、成为团体的一员等。

第三,权力的需求,即学生希望自己的想法及地位受到重视,甚至被接纳、认同等。

第四,兴趣的需求,学生希望自己在情绪和理性思考上觉得有趣,而不是机械地接受知识。

第五,自由的需求,学生希望能自我决定、自我导向,且能为自己负责,萌生自我价值感。作为一个人,如果基本需求得不到满足,就会表现出逃避责任或不负责任的行为;反之,一旦基本需求得到满足,就能够产生自我价值感,表现出愉快的情绪。

格拉塞认为,课堂活动、学校教育只有满足了学生的这五方面的需求，才能让学生积极的学习。为此，教师要正确认识学生，建立课堂常规，以引导学生成功为主要目的，培养学生的责任感和自律的行为，对学生的行为给予及时的评价、反馈。

（三）行为矫正策略

行为矫正策略相当于强化，要求教师以积极的方式与学生共处，避免使用严厉的处罚，强调积极性、减少消极性，该策略不仅可以促进学生良好行为的形成，还可以增进学生学习的速度。

行为矫正策略是一套有组织、有系统、连续不断的方法，教师要真正系统地以强化作为塑造行为的手段，才能获得理想的效果。建立行为矫正系统包含以下几种方法：强化目标行为、常规忽视—奖赏、常规奖赏—处罚、代币制、订立契约。

（四）果断纪律策略

美国学者肯特夫妇根据许多优秀教师的行为模式，归纳出了“果断纪律”的课堂教学管理策略，用来帮助教师以一种冷静而有力的态度与学生相处，提高课堂教学管理效率。

1. 教师运用果断纪律策略的步骤

教师在课堂教学管理中运用果断纪律策略时，可以遵循以下五个步骤。

第一，明确提出对学生的要求。

第二，学会使用果断的反应方式。果断的反应方式能够维护师生双方的权益，能够让学生了解教师对他们的期望，并按照这些期望做出相应的行为。

第三，确认对学生的期望行为和非期望行为。

第四，“追究”学生行为的后果。当学生在课堂上表现出正当行为时，教师应及时给予鼓励；当学生表现出非正当行为时，教师应给予惩罚。

第五，实行一套积极、果断的制度。当学生的行为有所改善或取得进步时，教师也要做出积极的反应。

2. 教师运用果断纪律策略的注意事项

(1)教师明确教导学生应有的行为方式，有具体的方向指导，而不仅仅是口头命令。这一过程包括了以下五个步骤。

第一，预先准备期待学生有什么行为。

第二，呈现学生应依循的方向。

第三，通过提问，确定学生都已明白。

第四，让学生进行角色演练。

第五，定期检查这个步骤。

(2)教师要强化学生的恰当行为。学生如果表现出教师所期待的行为，教师要随时使用重复肯定的语句鼓励学生。教师在课堂教学中应特别注意，赞美课堂表现良好的学生，促进学生正确行为方式的形成。

(3)教师要冷静分析、处理学生的不良行为。教师常常会遇到有学生为寻求教师注意而违反课堂常规，企图干扰课堂教学的情况。遇到这种情况，教师应能冷静地分析、处理，或不予理睬。只有在该学生的行为有所改善时，才给予他适当的关注。

(4)教师要及时评价制定的常规。大部分的常规会随着时间的延续出现种种问题，而学生的行为问题又是经常与教师的常规措施相对峙抗衡的，因此，教师应该常常检查、反思课堂常规是否恰当。

第二节　高校教师课堂教学秩序的维护

一、课堂教学秩序的内涵

这里所说的课堂教学秩序主要是指教学常规和规范。教学常规主要是指在课堂学习活动中教师与学生、学生与学生之间进行相互作用时所要遵循的一系列步骤。例如，刚开始上课时师生相互问好的程序，课堂上分发、收集作业或试卷的程序等。这些程序往往规定了课堂上师生相互作用的最有效率的方式，使学生能较快地进入学习状态。在课堂上，师生具有熟练的教学常规是开展有效教与学的重要条件之一。规范是指课堂上期望学生表现出的行为和禁止做出的行为。例如，上课铃响后要坐在自己的座位上，上课过程中有问题要先举手，得到教师允许后才能发言等。研究发现，清楚、明确并予以公平实施的课堂行为规范，不仅有助于减少学生在课堂上做出干扰学习的行为，还有助于提升学生的班级荣誉感。

建立良好的课堂教学秩序的目的是为学生营造一个良好的学习环境，让他们将有限的课堂教学时间尽可能多地用于学习。

二、高校教师课堂教学秩序的建立

高校教师要想建立良好的课堂教学秩序必须遵循三个步骤：确立管理目标、制订课堂规范和建立课堂规范。

（一）确立管理目标

高校教师要明确课堂教学管理的意义及重要性，进而明确课堂教学管理的目标。具体来说，高校教师在确定管理目标时要考虑以下几方面的因素。

1. 学校的氛围

学校的总体氛围是确定管理目标时要考虑的重要因素。每个学校由于基本情况不同，所以总体的氛围是不同的，因此，高校教师一定要了解学校的总体氛围，所确定的管理目标一定要和高校的氛围相一致。

2. 学生的年龄与成熟水平

随着年龄的增长，高校学生的成熟水平在不断提高，其理解周围世界变化的方式也随他们认知能力、推理能力等的发展而成熟。高校教师在确立管理目标时也一定要考虑到学生的年龄和成熟水平。

3. 学生的特点和成长环境

确定管理目标时考虑上课学生的成长环境也非常有必要。例如，城乡学生对秩序的理解会有所不同；来自少数民族群体的学生或者来自某些地理区域的学生，与其他学生相比，也会表现出不同的特点。在由不同背景、特点的学生构成的课堂群体中设立秩序规范时，一定要对不同群体的学生的期望和需求保持敏感。

无论何时，只要教学环境有所改变，在设立新的课堂目标和教学计划前，高校教师都必须仔细审视新的情境，确保秩序具有极强的情境性和针对性。

(二)制订课堂规范

在确定了课堂教学管理目标后，高校教师则可根据课堂教学管理目标，确定期望的学生行为和不期望的学生行为，将其转换成课堂规范，并确定违规行为的后果。具体来说，将期望转换成课堂规范要注意以下几方面的问题。

第一，规范和程序是两个不同的方面。规范是一些确定所期望的行为和非期望的行为的条文，与程序相比，规范的数量较少，但更明确。实际上，有效的课堂教学管理者往往将课堂规范以书面形式呈现出来。规范可被认为是对学生行为设立的必要限制，它会促使一个面向全体学生的最佳学习氛围的产生。但要提醒的是，制订规范时一要明了学校的一般规范；二要明确、合理、必要与可行。在呈现方式上，一个简洁、明晰的规范简表更可取一些。程序是以有序的方式完成课堂活动的步骤。程序要向学生详细说明应该怎样做事情、怎样完成学习要求的活动。程序的呈现方式采用口头解释或书面形式均可。

第二，在制订规范时的内容表述应坚持正面引导为主，多用积极的语言，如“做……”，少采用“不准或严禁做……”之类的词语。

第三，制订规范应通过师生的充分讨论，达成共识后共同制订。学生参与讨论，与教师一起共同制订课堂规范，这样既可以使学生自觉遵守并乐于承担责任，又可以促进学生综合思维能力与社会性认知的发展。

第四，确定违规行为后果也非常必要。这一步就是与学生讨论遵守或者无视课堂规范与程序的后果。

（三）建立课堂规范

课堂规范并不是一经制订出来就会被学生自动地接受，它还需要一个逐步建立的过程。对此应做到以下几方面。

第一，要确保每个学生都清晰地理解规范，以免发生误解。

第二，要在课堂规范确立后的几周内不断予以强化。

第三，要不断调整课堂规范。

课堂规范不可能一开始就尽善尽美，在实施过程中需要根据各方面具体情况，不断加以补充、修改或调整。通常，可采取活动式的规范，即每过一两个星期，与学生共同讨论，在学生共同参与的情况下对课堂规范予以更新。如需要调整或修改的规范较多时，可分次进行，先从最重要的一两项开始。这一步的关键是将制订好的课堂规范公布呈现，使学生了解、掌握这些规范，并逐步在头脑中建构起对外在的课堂规范的认知结构。

在建立课堂教学秩序时，可以考虑以下一些建议。

第一，一次让学生学习的课堂规范数量不宜过多，每一条规范要简洁易记，在学生熟练执行一些规范后再教新的规范。

第二，要给学生解释清楚制定规范、常规的道理。学生不仅要知道这些规范是什么、怎么做，还要知道为什么要这样做的道理。这些道理就在于要掌握的规范是为了保证课堂上每个学生都有较多时间用于学习。

三、高校教师课堂教学秩序的维持

高校课堂教学秩序一旦建立，就要设法予以维持。学生习得了有关的常规和规范，还要在以后的课堂上予以不断地练习并一贯地执行，这时高校教师关注的焦点已由学生“会不会”执行常规和规范转向“愿不愿”执行常规和规范上。只有学生既有执行课堂常规和规范的能力又有主动自觉执行的意愿时，良好的课堂教学秩序才有可能建立并一直维持下去。

课堂教学秩序的维持即预防、消除问题行为的发生，它包括有效监控课堂、促进良好秩序两个部分。监控课堂的目的，一是防微杜渐，免得一些不适行为逐步演化成主要的行为问题，二是要澄清学生对教师的期望所作出的任何误解。因此，有效监控课堂又包括发现问题行为、鉴别问题行为两方面。一般来说，促进良好的课堂教学秩序包括消除问题行为、肯定有效行为两方面。消除问题行为不仅指对性质轻微的问题行为的消除，也包括对性质严重的问题行为的矫正。肯定有效行为方面，通过鼓励和强化良好行为，可达到对问题行为的控制，并可塑造和发展新的良好行为。

学生“愿不愿”执行的问题实质上是态度问题，即学生还要习得针对课堂常规与规范的态度。根据态度学习的规律，结合一些研究者的建议，以下一些措施有助于维持良好的课堂教学秩序。

第一，要为学生树立遵守课堂教学秩序的榜样。这类榜样最好是学生班上的同学，因为榜样与学生类似易于为学生所效仿。对于为学生树立的榜样，教师还要注重对其进行表扬和奖励，以便让学生看到遵守常规和规范的效果。

第二，课堂上要让所有学生都有事情可做。在课堂上组织教学活动时，教师有时会让个别学生成为活动的主角，如让某个学生上讲台表演、回答问题、汇报小组讨论的情况等，这时教师如对其他的学生没有明确要求，他们就有可能“无事生非”而做出破坏课堂教学秩序的行为来。因此，让其余的学生有事可做是维持课堂教学秩序的关键，具体的做法因事而异。

第三，在课堂规范的执行上，要对学生进行一致的奖惩。如果教师为学生执行课堂规范制定了相应的奖惩措施，就要在课堂上予以连贯一致地实施。

第四，当学生违反课堂规范时，要让学生知道违反的是哪一条。学生在课堂上表现出违反课堂教学秩序的行为，有时是因其对有关的规范不熟悉所致，即在态度学习的认知成分（“是什么”）上还不是很清楚，这时教师结合学生的具体行为，让其认识到自己的行为违反的是哪一条规范，既可以加深学生对规范的认识，又能让学生对其行为的后果有所知悉，有利于树立其遵守规范的态度。

第五，在处理课堂上出现的违反课堂教学秩序的学生时，所用的时间要尽可能短。教师花大量时间来处理个别学生的纪律问题，这不仅会占用教学时间，也会让其他学生无所事事而引发更多的课堂问题。

第三节　高校教师课堂偶发事件的科学处理

一、高校课堂偶发事件的特点

高校课堂偶发事件具有显著的特点，概括来说，这些特点主要包括以下几种。

（一）教师的难预料性

高校教师在教学开始前，通常会对教学过程中可能出现的一些偶发事件进行评估，但由于教学情境瞬息万变，错综复杂，有时表面上很平静，实际上潜伏着危机，有些事件在发生前尽管有一些先兆，但由于先兆本身有较大的隐蔽性和潜在性，再加上高校上课学生人数多，教师难以全面地把握所有人在某一时刻、某一情境的心理状态，所以，有些事件突然发生时，高校教师常感到意外，缺少相应的心理准备和相应的教育措施准备。由此可见，高校课堂偶发事件具有高校教师难预料性的特点。

（二）形式上的多样性

高校课堂偶发事件的形式较多，概括来说主要包括以下几方面。

第一，学生课堂中的人际关系冲突，表现为学生与学生之间打架、摔文具、争吵以及学生顶撞教师等。

第二，恶作剧，例如学生向教师提一些与教学内容无关的怪问题，趁着老师不注意对同学做各种各样的表情从而引得全班哄堂大笑等。

第三，有的学生在课堂上突发某些疾病，如突然晕倒等，往往会导致课堂的骚动和混乱。

第四，伤害性事故，如突然刮大风下大雨导致教室倒塌，引起学生伤亡事故，体育课上受伤等。

第五，外界环境的干扰引起的，如外界环境特殊的声音引起课堂内的学生注意，课堂秩序受影响。

（三）效应上的震荡性

高校课堂上的偶发事件常常使学生个人产生较为强烈的情绪体验，对学生以后的学习、品德及个性的发展都带来巨大影响，甚至终生留下深刻的印象。有的事件关联到整个班级，常使全体学生感受到思想和情绪的震动，使大多数学生受到冲击，产生震荡性的效应。

（四）处理上的紧迫性

课堂偶发事件经常会使高校教师的正常教学活动受到影响，从而无法正常按照进度进行教学，因此，高校教师在遇到偶发事件时，一定要冷静、正确处理，从而保证教学活动的正常进行。所以说，高校课堂偶发事件具有处理上的紧迫性的特点。

二、高校课堂偶发事件的危害

偶发事件不同于一般的问题行为，它具有突发性，常常扰乱正常的课堂秩序，具有一定的危害性。概括来说，这些危害主要包括以下几方面。

第一，扰乱班级正常的学习秩序，破坏了班级的课堂规则，影响了课堂教学目标的实现，有关人际关系方面的冲突对学生和教师的心理都会产生消极影响。

第二，有的事件严重损坏了班级荣誉，使班级品德水平、学习质量下降，降低了整个班集体的水平。

第三，有些伤害性事故甚至会给学生留下残疾。

第四，偶发事件还增加了教师课堂教学的难度，处理不好，可能会影响教师的情绪、自信心、工作的积极性等。

第五，学生受偶发事件的干扰，跟随教学进程的思维被打乱，若个别学生趁机捣乱，学生的学习就很难继续下去。

由于偶发事件具有一定的危害性，因此教师要精心组织、控制课堂。

三、高校教师处理课堂偶发事件的方法

虽然说课堂上很多偶发事件是事先不能预料的，但并不意味着课堂教学中偶发事件的处理是不可捉摸和无规律可循的，它犹如“教学有法，但无定法”一样，是有其自身的规律和特点的，因此，高校教师在处理课堂偶发事件时是有一定的方法的，概括来说，这些方法主要包括以下几种。

（一）冷却处理法

冷却处理法是指教师在课堂上暂时“冻结”一些偶发事件，仍

按照原教学计划进行教学活动,等到课后的其他时间再进行处理的方法。这种方法能使教师有比较充裕的时间去考虑,选择恰当的教育方案,冷静地处理偶发事件。同时,它又不会妨碍教学工作的顺利进行。需要注意的是,由于“冷却处理”不能马上把问题解决,有时会影响到教育的效果。因此,有些偶发事件,必须及时地给予解决,而不能事事都“冷却处理”。

(二)趁热加工法

趁热加工法是指当偶发事件发生时,教师应抓住时机,马上给予处理,趁热打铁,以取得最佳教育效果。这种方法往往能使偶发事件及时得到解决,并给学生以强烈的思想震动和深刻印象,对日后偶发事件的产生起了震慑作用。但是,这一方法往往会占用一部分教学时间,甚至被迫变更原有的教学计划,影响教学任务的完成。

(三)巧妙暗示法

在课堂教学中,当偶发事件发生时,教师并不中断教学活动,而是用含蓄、间接的方法悄悄地提醒当事人,消除影响教学的不利因素,使教学工作按部就班地进行。教师采用巧妙暗示的方法去解决课堂上的偶发事件,既不影响教学程序,又不损害学生的自尊心,比如教师通过目光、临近控制、提问等暗示方法来阻止学生的讲话,就不失为一种行之有效的方法。

(四)幽默带过法

课堂上有些偶发事件往往使教师处于窘境,要查处会拖延上课时间,还可能伤害许多学生的感情,如果不予理睬又会损害教师的威信,甚至会使事态进一步发展。在这种情况下,教师可以采用幽默法,暂时让自己摆脱窘境。幽默带过,既显示了教师的诙谐、大度,又让自己摆脱了尴尬的境地,还为学生创设了自我教育的情境。

（五）因势利导法

课堂中有些偶发事件的出现已经激起了学生的好奇心，完全吸引了学生的注意力，教师要想让学生重新注意原定的教学内容十分困难。这时，可以转而发掘事件中的积极因素，因势利导地开展教育或教学活动。这样既顺应了学生的好奇心，满足了学生的求知欲，又保证了课堂教学的秩序，扩充了课堂教学信息，达到了教学目的。

（六）随机调整法

上课时有时由于各种原因，会打乱原来计划的教学结构，例如，忘记了板书课题，讲授后忘记小结等。遇到这种情况，如果从头再来，时间不允许；如果立即补入某一环节与教学进程又不吻合。这时，教师可以灵活机动地调整原来计划的课堂教学结构。例如，一位教师在讲“工程问题”一课，当进行到课堂作业时，他边指导学生做作业边回顾教学内容，发现还没有板书课题。这时，他没有惊慌失措，而是不动声色地继续往下进行。在做课堂总结时，强调了本节课的教学内容，根据同学们的发言，自然地补写上了课题。这样，板书课题由原来的开篇点题调整为结尾点题，既点出了课堂教学的重点，又使课堂教学环节完整无缺，其效果并不比原计划差。

（七）共同探讨法

在课堂教学中，教师出现错误是难免的，如果出现这类偶发事件，可采用师生共同探讨的方法来解决。通过发动学生共同探讨和更正错误，一方面调动了学生学习的积极性，另一方面也为教师赢得了宝贵的时间。

（八）“堵”“导”变通法

在教材内容的讲授方面，偶发性问题俯拾即是。实践证明，处理这类偶发事件，采用“堵”“导”变通法是行之有效的。“堵”和“导”应该是相辅相成的。既要注重点拨诱导，讲究“导”的艺术，又要注重堵漏塞流，强化“堵”的机智，提高课堂效益。

堵即控制，也就是控制学生思维，将学生思维的涓涓细流纳入有效的思维流程，达到预期的教学目标。因为教学思维本身具有随意散漫、多元辐射的特性，课堂上瞬息万变，学生随时会有所领悟、联想、发现；也可能产生困惑、迷茫、偏激，提出一些与教学联系不大或者毫无联系的问题，致使课堂枝蔓芜杂。如不及时堵住散乱的流向，就容易被学生牵着鼻子走，课堂教学效益就会大大降低。因此，教师要善于发挥“堵”的机智，借助于有声的语言，去把握学生无声的思维潜流，断流时导，漫溢时堵，堵导并用，灵活变通，使学生的思维始终伴随教师讲授的“旋律”，弹奏出探索的“交响曲”。

（九）虚心、宽容法

虚心、宽容是建立和谐师生关系的重要条件，也是处理课堂偶发事件的心理基础。有些偶发事件，往往会使教师感觉到自己的尊严受到挑战，感情和威信受到损害。因而有的教师便采取居高临下、以牙还牙的方式对待当事人，这样只能使偶发事件更加恶化。教师应给予学生更多的爱心与理解，促使学生自我反省、自我教育。

第四节　高校教师课堂问题行为的有效控制

一、课堂问题行为的含义

课堂问题行为是指学生在课堂中做出的违反课堂规则，妨碍及破坏课堂教学活动正常进行的行为。一般可分品行方面的课堂问题行为和人格方面的课堂问题行为。前者是指那些直接指向环境和他人的不良行为，易被发现；后者是与学生的个性关联在一起的不良行为，不易觉察。课堂问题行为具有普遍性，是教师经常遇到而又非常敏感的问题，如果处理不好就会损害师生关系，破坏课堂气氛，影响教学效果。

二、高校课堂问题行为产生的原因

学生在课堂上产生各种各样的问题行为是有各种原因的。总的来说，学生课堂问题行为的产生主要有学生自身、教师和外界环境因素三个方面的原因。

（一）学生自身的原因

需要是人行为的内在驱动力。课堂问题行为的产生是由于学生试图满足自己的需要的结果。德雷克斯（Dreikers）、格伦渥德（Grunwald）和派普（Pepper）提出，不管学生有没有意识到，他们做出的不良行为是为了满足想引起他人注意、想显示自己的力量、寻求报复和想要逃避失败四个基本需要。

（二）教师的原因

课堂上的问题行为不仅仅是学生为了满足自己的需要，事实上，教师也要负相当一部分的责任。

第一，教师教育观、学生观的偏差会导致学生课堂问题行为。如教师把分数作为唯一目标，重智轻德，搞题海战术，歧视差生等，都容易引起学生的厌倦情绪，产生逆反行为。

第二，教师的教学准备不足、教学能力欠缺也是导致课堂问题行为出现的重要因素。有的教师不认真备课或根本不备课，教学方法单一、枯燥，表达能力差，缺乏活力。这样的课堂很容易导致教师在学生心目中的威信降低，引起课堂问题行为。

第三，如果学生感到教师对问题行为的解决方式不公平，这种行为也会继续发生。

(三)外界环境的影响

课堂问题行为的产生,除了取决于学生和教师方面的因素外,还与外界环境有关,具体包括家庭、大众媒体和课堂内部环境等因素的影响。有研究表明,单亲家庭的孩子、父母不和家庭的孩子以及专制型、放纵型家庭的孩子往往更容易产生各种各样的课堂问题行为。大众传媒传播的信息也并非都是积极、正向的。一些暴力、色情、凶杀、追求感官刺激等内容充斥学生周围,部分学生受这些内容影响,盲目模仿、尝试,并把这类行为延伸到课堂。除此之外,课堂内部环境中的温度、色彩、课堂座位的编排方式和课堂心理气氛等都会对学生的课堂行为产生十分明显的影响。

三、高校教师课堂问题行为的处理策略

高校教师课堂问题行为的处理策略主要包括以下几方面。

(一)忽视或提醒学生注意其问题行为

大学生在课堂上表现出的问题行为中,有一类行为是由个别学生做出的,这类行为的影响效果仅限于该学生,而不会波及其他学生,且这种问题行为有时具有偶发性。当课堂上个别学生表现出这类问题行为时,教师对其进行公开的批评教育反而会吸引班上大多数同学的注意而破坏原有的良好秩序。因此,应对这类问题行为的一个重要原则是“最小干预原则”,尽可能不破坏整个课堂的良好秩序。具体的措施主要是忽视学生的问题行为和提示学生注意自己的问题行为。在采用这些方式向个别有问题行为的学生传达信息的同时,教师仍可继续进行其原有的教学活动,这样处理不会把其他学生的注意引向有问题行为的学生身上,因而也不会影响整个课堂的教学秩序。当课堂上教师没有时

间或不方便对有问题行为的学生进行提醒时，可以在下课后及时找学生谈话，以便让学生知晓他们在课堂上表现出的问题行为已被教师注意到了。

（二）教给学生自己控制自己问题行为的方法

有时，学生在课堂上表现出的问题行为影响到了自身和其他同学的学习，而且学生自己也意识到了自己的错误行为并愿意改正，这时，对学生问题行为的处理要转向教给学生自己控制自己行为的方法。这些方法主要涉及让学生自己观察、记录问题行为的情况以便学生了解其问题行为的严重程度；让学生掌握控制自己行为的方法；自己强化自己课堂行为上的进步，以便维持良好的行为。

（三）对学生进行行为矫正

当学生在课堂上表现出的问题行为不仅影响自己和别人，而且这种问题行为经常出现，学生自己又不愿意改正或不能改正时，就需要对学生进行行为矫正，具体措施包括以下几方面。

1. 采用行为契约来塑造学生的良好课堂行为

行为契约是塑造学生行为的一种技术，这一契约通常由教师和有问题行为的学生一起签订，有时还可以增加一名见证人。契约中对学生和教师的相应行为进行了规定，如学生表现出较好的行为，教师应对学生进行何种奖励；学生表现出问题行为，教师应如何对学生进行惩罚等。这种契约形式主要是将学生的行为与其行为后果之间的关系明确化，从而通过强化、惩罚等措施来改变学生的问题行为。

2. 对学生一系列小的进步予以强化

在行为矫正技术中，强化是主要的手段。强化的运用并不仅仅是在学生表现出了完全良好行为之后施行的，在学生朝向良好行为的过程中，对学生点滴的进步也要进行强化。通过渐次强化学生不断表现出的新的、小的进步，最终达成塑造学生良好行为的目的。

3. 强化学生在课堂上表现出的良好行为，不要强化学生的问题行为

有问题行为的学生，并不是在课堂上一直表现出问题行为的，他们有时也会表现出诸如专心听讲、不与其他同学随意讲话等良好行为。对于有问题行为的学生表现出的这些良好行为，教师要及时对其进行强化，以便加强学生的这种良好的行为。与此相对应的是，对学生在课堂上表现出的问题行为不要进行强化。学生在课堂上想要得到的强化物是多种多样的，不同年级、不同类型的学生想要得到的强化物也不尽相同。一些学生在课堂上想得到教师的表扬或奖励，另一些学生则想得到教师或同伴的关注(教师的批评、斥责也是这类学生想要得到的关注)。这样，如果某个学生在课堂上表现出问题行为的目的是为了得到教师或同学的关注，而教师又对该生的问题行为当着全班同学的面进行批评教育，于是教师的批评教育及同学的围观，让该生渴求关注的需要得到了满足，这样，教师对该生的批评教育表面看来是想抑制该生的问题行为，实际上却起到了强化的作用，强化了该生表现出的问题行为。因此，不对学生的问题行为进行强化是要教师结合学生的具体情况，判断自己对学生的问题行为所采取的措施实际上有没有对学生的问题行为起到强化作用。

当我们想要塑造学生良好的行为而且这种行为在学生身上表现的频率又很低时，可以选择学生经常做出的高频率行为作为强化物来强化学生的低频率行为。对此，教师可以首先观察学生在空闲时最喜欢做的或经常做的行为，即识别和确定一些学生的高频率行为，而后让学生做出低频率行为(即教师想要塑造的良好行为)，最后再允许学生表现出高频率行为，以此来强化学生的低频率行为。如对某个学生而言，他喜欢看教室图书角里的故事书(高频率行为)，为塑造该生课上不随便与同学讲话的良好行为

（低频率行为），在一节课上该生未与其他同学随意讲话的条件下，教师可以允许他课后阅读图书角的故事书，以此强化学生课上不随意说话的行为。

4. 对学生严重的问题行为进行惩罚

对于学生的一些较严重而又难以制止的问题行为，可适当利用一些惩罚措施，惩罚措施如果运用得当，也可以起到制止问题行为的作用。但惩罚运用不当（如报复性或泄愤性的惩罚），不但不能制止问题行为，反而会造成逆反或对抗性行为。因此，惩罚措施必须慎用。一般来说，当问题学生的行为不仅影响自己和他人的学习，还有可能对其他同学造成人身伤害时，才可以使用惩罚措施。对学生问题行为进行惩罚，具体有三种形式。

第一，给学生施加令其讨厌的刺激，如对学生进行批评。

第二，撤除或取消学生喜欢的刺激，如取消其原有的特权、荣誉等。

第三，对学生进行校内隔离，这种惩罚措施是在学生的问题行为会危及其他同学安全的情况下才采取的。在对学生进行惩罚时，同样需要教师明确所采取的惩罚措施对具体学生而言是真正起到惩罚效果的。

需要注意的是，教师不能因为学生个人的问题行为而惩罚小组或者整个班级，这样做只会使学生感到气愤。在某个问题行为开始时使用惩罚，其效果远胜于将惩罚实施于问题行为之后。

第七章　教师德艺双馨的体现——高校教师教学艺术研究

教学活动是人类特有的一项活动，是教师和学生对人类文明成果予以传承和发展的活动。它是一门科学，更是一门艺术。富有艺术性的教学让教师的“教”和学生的“学”都变得更加高效。因此，高校教师应重视教学艺术并努力展示教学艺术魅力，以便真正能够在专业素养的修炼上达到更高的境界。本章先对教学艺术的基本原理进行阐释，然后选择其中几种较为典型的课堂教学艺术进行一定的探讨。

第一节　教学艺术的基本原理

一、教学艺术的概念及性质

在西方，早在古希腊时期就已经有了教学艺术思想的萌芽，但直到16世纪至17世纪，才开始有了较为明确的“教学艺术”的概念。德国教育家和教学法革新家拉得克就曾“发现了根据天性而实施的教学艺术”，他认为教学是一种科学、语言和艺术相结合的教学艺术。1632年，捷克大教育家夸美纽斯在其《大教学论》一书中明确提出：“教学论是指教学的艺术。”可以说，夸美纽斯是教育史上第一个明确提出“教学艺术”概论并对教学艺术的本质、功能和技巧给予系统深刻的理论阐述的教育家。他的教学艺术思想更成熟、更系统化，他的教学艺术观是一种大概念性的教学艺术观，涵盖了教学的一切活动，更强调教师在教学活动中的主体自由。夸美纽斯将教学艺术的本质说成是“把一切事物教给一切人类的全部艺术”。他强调了教学艺术的目的性和审美性，同时认为教学艺术应该有三大功能：教学艺术能保证教学的效果，教学艺术能使师生得到愉快的情感体验，教学艺术能促进学生全面发展。后来，不同时代、不同国家的教育家都曾有过诸多关于教学艺术的或含混、或明确的表述。例如，英国人鲍门就曾明确指出“教学至少是一门艺术”。在现当代社会，随着各学科的融合性增强，在科学性思维推动下教学艺术思想不断走向成熟，也更具教学指导性。美国著名教育家杜威就强调“教学的艺术，一大部分在于使新问题的困难程度，大到足以激发思想，小到加上新奇因素自然地带来的疑难，足以使学生得到一些富于启发性的立足点，从此产生有助于解决问题的建议”[①]。苏联著名教育家苏霍姆林斯基曾在其著作《教育的艺术》中系统表述了自己的教学艺术观，他认为教学和教育过程有三个源泉：科学、技巧和艺术，谁要领导好教学和教育过程，谁就要精通教学和教育的科学、技巧和艺术。在我国，早在春秋时代，大教育家孔子所实践的启发式教学、身体力行、因材施教、循循善诱、诲人不倦等，其实已彰显了部分教学艺术。到了20世纪，著名教育家傅仁敢明确提出：教学是最渊博、最复杂的艺术。总之，古今中外的教育家对教学艺术有众多的表达或论述，也对教学究竟是科学还是艺术进行过争论，至今关于教学艺术的定义或概念，仍然是仁者见仁，智者见智，并没有一个统一的说法。这里根据前人对教学艺术的探索、研究和对教学艺术概念的阐释，对教学艺术进行一个新的界定，即教学艺术就是指教师在课堂教学实践中，创造性地运用各种手段唤起学生的学习兴趣，使学生愉快、主动地获得知识与技能，也使自身的教学行为在一定的时空内具有美感的一种艺术。

---

① ［美］杜威．杜威教育论著选［M］．赵祥麟，王承绪，译．上海：华东师范大学出版社，1981：184．

就教学艺术的性质来看，它是一种特殊的艺术活动。与一般艺术相比，它在目的、主体、客体和表现手法上，均有特殊性。这种特殊性表现在以下几个方面。

第一，教学艺术活动的目的是促进学生的全面发展。一般艺术以认识世界和改造世界为目的，而教学艺术则以更好地改造学生的身心，使他们实现德、智、体、美全面和谐地发展为目的。显然，教学艺术是比较复杂的。

第二，教学艺术活动的主体是教师和学生。一般艺术活动中，人就是主体，而在教学艺术活动中，主体限定在教师和学生上。教师和学生都是具有特殊角色和地位的人。他们共同承担着创造艺术性教学的重任，都是教学艺术创造的主体。教师主导着教学活动的任务、方法、手段、内容等，决定着教学的方向；学生参与和配合教学活动的开展，决定着教学活动的成败。缺少了任何一方，教学就不会成功，更谈不上艺术了。

第三，教学艺术的客体即教学活动。一般艺术的客体是大千世界，包括了生活的方方面面；而教学艺术不同，其以教学活动为客体，教师和学生试图改造的也是教学活动本身。艺术成果则是指一幅幅充满魅力的教学活动画面。

第四，教学艺术的表现手法具有高度的综合性。其既有音乐的表现手法，又有绘画的艺术手段；既有建筑、舞蹈等的空间表现力，又有戏剧等表演艺术的动作、表情、姿态、语调。所以，创造教学艺术的教师往往集音乐家、画家、表演艺术家的素质素养于一身，他们是通过综合各种艺术的手段来完成教学任务的。

此外，教学艺术的性质还表现为教学艺术是教师追求的特殊教学境界。如果教师的教学有着特殊的艺术魅力，往往被认为是达到了一个较高的境界。所以，教师往往把教学艺术作为事业奋斗的理想目标和特殊精神境界来追求。

二、教学艺术的基本特点

教学艺术具有自身的一些特点，主要包括以下几个方面。

(一)智慧性

艺术是智慧的结晶,是智慧的表现形式之一。教学艺术也不例外,它是教师教学智慧的结晶。所谓教学智慧,是指教师在深入研究和深刻理解影响教学效果的各种因素的基础上,面对复杂的教学情境所表现的一种敏感、准确的判断能力和恰当、有效的应对能力。在教学智慧的支撑下,教师的一切教学行为富有艺术特色,其所设计的教学活动富含艺术感,其组织的整个教学过程也充满艺术的魅力。在高校日常教学过程中,这种教学智慧主要表现为教师能够运用自己已有的知识和智慧,尽可能地发掘教学环境中的一切有利因素,排除不利因素,从而适应新的教学环境,并努力使环境为我所用。在设定教学目标时,教师会将具体的教学目标与课程标准所要求的宏观教学目标对应起来,并从实际学情出发,确保他所设定的目标既符合课标要求,又符合学情;既表述简洁、清晰、具体,又能够很好地达成。在研读教学内容时,会对教学内容进行必要的增删或调整,使其更精,使用起来更得心应手,更有利学生在有限的时间内学会、学好。在设计教学活动时,会使所设计的活动更具吸引力、学生更乐于参与。在面对学生在教学过程中生成的各种问题时,能机智化解,变冲突为和谐。显然,智慧性可以说是教学艺术最根本的特点。

(二)情感性

在教学艺术中,情感是非常关键的一个要素。情感是教学艺术的生命。教学活动只有触及学生的情感和意志领域,拨动学生的心弦,引起学生内心世界的强烈的反响和共鸣,才可能迈进教学艺术的殿堂。这就需要教师有高尚的情操,能以满腔的热情和神圣的使命感投入教学工作中;有较深的艺术修养,能够发现美、识别美、鉴赏美、品味美、创造美;有丰富的生活积累,对教学内容有较深的体验和理解;有情感丰富的语言,能在讲不同的内容时,激发学生不同的情感反应。

(三)审美性

艺术追求美,美是其真谛,教学艺术也是如此。所以,具备较强教学艺术能力的教师在教学过程中崇尚并追求美,总是在教学中融进美的创造和追求,力求以各种艺术魅力给人带来审美感受。作为教学艺术最突出的一个特点,审美性表现在教学设计的美、教学过程的美、教学语言的美、教态的美、板书的美等方面。比如,教学计划、方案新颖、别具一格而又具有可行性、富有成效;教学过程自然流畅;教学语言生动形象、言简意赅、精确明快、富有情感;教师的衣着打扮美观大方,仪态端庄,态度真诚、热情,举止潇洒、自然;板书的布局设计比例协调,对比鲜明,有系统而又重点、难点突出,书写规范而且漂亮、工整。总的来说,教学艺术的审美性要求教师必须具备相当深厚的审美修养,既有感知美、发现美的能力,又有丰富的审美情感和审美能力。

(四)创造性

创造性也是教学艺术的一大特点。艺术的生命在于创造,是非常忌讳模式化的。课堂教学正是因为体现了教师对美的独特感受、对教材的个性理解,体现了教师新颖的设计理念和创新的方法,才被称之为艺术。当然,教学工作本身就是一项创造性很强的工作。处理教材时,教师就像导演处理剧本一样,要进行一个艰苦的再创造。设计课堂教学结构时,要避免平淡无奇,力求出奇制胜。设计板书时,教师要设计得恰当,设计得巧妙,能产生新奇、独特的效果。

(五)实践性

由于整个课堂教学艺术过程都是与教学实践紧密联系在一起的,所以教学艺术也必然带有实践性的特点。从另一个层面来说,一切夸夸其谈如纸上谈兵者都与教学艺术无缘。不管是备课、说课还是上课,都需要教师在实践中不断探索,只有取得了丰富的实践经验，并使自己的探索经过实践检验有实际效能，才可能称得上教学艺术。富含艺术性的教学才既合乎教学规律，又合乎师生的个性特长和心理特点。显然，教学艺术的实践性是个非常重要的特点，是不能被忽视的。每个教师都应注意在教学实践中追求教学艺术的发展。可以说，真正意义上的教学艺术，只有那些在教学第一线坚持不懈地进行实践探索的教师才能创造出来，也只有他们才有可能摘取教学艺术家的光荣桂冠。需要注意的是，强调教学艺术的实践性，并不等于排斥教学艺术理论学习的必要性。因为实践往往是在理论基础之上进行的，况且理论的学习不仅能激发教学艺术所必需的、多种角度的接触和思考，而且能帮助教师相互学习如何展现教学艺术。

（六）表演性

教师在课堂教学中的行为，很多时候就像一个演员在舞台上的表演，他们的衣着打扮、表情态度、身姿动作、实验操作、口语板书等都需要特别注意。比如，教师必须得塑造好自身的讲台形象，因为这直接影响课堂教学艺术的效果；教师的语言表达要准确、流畅、富有启发性，还要注意抑扬顿挫，让人愿意听、喜欢听。当然，教师还要注意以适当的板书、身姿、实验等来配合语言表演。总之，教师经常会像表演者那样进行教学，所以教师的教学艺术也就必然带有表演性特征。教师的表演生动形象，可以丰富学生的感知表象，促进学生的理解和思维。教师的表演能有效地支配情感，动情感人，可以充分调动学生学习的积极性、主动性。需要注意的是，教师在教学活动中扮演演员的角色，不能忘了学生，还要适时地当一当导演，多给学生表现自身才华的机会，让学生参与到教学艺术创造活动中，与教师一起在课堂这个舞台上共同演出精彩的剧目。

三、教学艺术的重要功能

系统认识和全面表述教学艺术功能，有助于教师提高认识，使其在教学实践中充分发挥教学艺术的功能。以下就对教学艺术的几个主要功能进行相应的阐释。

(一)陶冶功能

在艺术性的教学中,师生关系是融洽民主的,教学气氛是生动活泼的,人际交往是频繁多向的,教师的课堂表演是出色的……所有这些都会向学生潜移默化地渗透理性教育,给他们留下持久性的深刻印象。所以,教学艺术具有陶冶功能。

教学艺术的陶冶功能首先表现为它能有效地淡化教育痕迹。教师看似没有很用劲地在教,但“无为”的表象深层尽是“有为”的匠心,教师正是在传授科学知识过程中以审美的形式寓思想教育于其中,才让学生在不知不觉中受到了深刻的教育,受到了无形的陶冶。

教学艺术的陶冶功能还表现为教师加强自身修养,注重以其高超的教学艺术营造情绪高涨的教学气氛,创造引人入胜的教学情境,有效地激励学生学习的动机、兴趣、情感、意志等动力系统,使课堂教学始终贯穿紧张、活跃而又愉快的智力活动。教学艺术的陶冶功能与一般的教学环境对学生的潜在影响是不同的,它是教师有意识地对学生施加的影响。

(二)愉悦功能

教学艺术具有愉悦功能,能够以轻松愉悦的方式促使学生乐于学习。在具有艺术性的教学中,学生如沐春风,感到舒服、轻松、愉悦。

教学艺术的愉悦功能主要表现在教学的趣味性上。在教学实践中经常可以看到这样生动的例子:原本沉闷压抑的课堂氛围在教师一句幽默的话语后顿时变得轻松活跃起来。所以,教师大多在课堂教学中追求趣味性,当然教学追求的趣味必须是高尚的情趣,做到“闲话不闲,笑语有益”,使学生在笑过之后能受到教育。

教学艺术的愉悦功能能够在一定程度上调节由单调重复的学习活动带来的生理疲劳，消除由紧张的思维运动带来的心理疲劳，淡化情绪生活中的焦虑情绪。在当今社会，学生的学习压力较大，学习生活的焦虑情绪尤为明显，心理健康问题不断涌现。这就需要各学科的教师在教学活动中充分运用高超的教学艺术促进学生的身心愉悦和身心健康，而这种愉悦状态也为全面提高教学效果打下心理基础。可见，教学艺术的愉悦功能从人性关怀的角度反映了教育的本质要求。

（三）效益功能

陶冶功能、愉悦功能属于教学艺术精神层面的功能，它只是教学艺术功能的一个层面，从更宽广的视域来看，教学艺术的运用来源于人们的一种教学需要，那就是为了优化具体的课堂教学实践，全面提高教学效率。由于教师一节课所传授的教学内容是有限的，学生接受有效教学内容促进自身知识掌握和能力提高的能力是有限的，学生不可能无限期地学习下去。这就要求教师必须思考如何在有限的时间内不断提高课堂教学效率，而教学艺术能很好地解决这一问题。例如，教师通过优化组合教学方法，能大大提高教学内容传达的有效性和透彻性；通过精心创设教学情境，能优化学生接受知识的情感氛围，大大提高课堂教学中知识的可接受性。所以，教学艺术还具有效益功能。它考虑课堂教学的优化问题，考虑教学效率提高的问题。当然，教学艺术虽然具备这一功能，但不会单纯追求教学效率，效率只是它的一种自然而然的附带功能。

（四）促进功能

教学艺术能有效吸引学生的注意力、激发学生的学习动机和引起学生的学习兴趣，并调动学生一切非智力因素参与学习过程，因而能促进学生掌握教学知识和提高运用知识的能力。所以，教学艺术还具有促进功能。教学艺术的高超运用能使学生的思维、心理、生理均处于一种相对活跃的状态。有效地激发学生的学习动机是最重要的一点。在教学实践中,教学艺术水平高的教师能通过优雅亲切的教态、生动幽默的语言、准确精练的讲评、具体可感的实物形象、巧妙的教学手段来刺激学生学习的动机,实现教学效果最大化。

(五)整体功能

教学艺术是一门综合性艺术,它融合诸多艺术表现手段,以大量的信息全方位地诉诸学生的视觉、听觉、触觉等多种感觉器官,直接影响学生的品德、知识、技能、智力、个性和审美等多方面的发展。所以,教学艺术就是一个相对完整的系统。这个系统发挥整体功能需要整个教学艺术系统内部各部分在建立相互联系中呈最佳结构状态。如果教师和学生的知识结构互补,师生关系融洽,教学内容与教学方法相对应,知识训练序列与学生思维认识能力一致,备课、说课、讲课、评改、辅导等各个环节密切配合,教学艺术的整体功能就能够最大限度地发挥出来。当教学艺术的整体功能得到全面发挥时,教学艺术神奇的综合魅力也就散发出来了,也能够引发学生心灵深处强烈的审美效应。

第二节　高校教师课堂教学板书艺术

课堂教学板书,就是指教师在课堂教学过程中为帮助学生理解掌握知识而利用黑板以凝练、简洁的文字、符号、图表等呈现的教学信息的总称。虽然技术在不断革新,出现了很多新的教学媒体,但黑板的作用仍然不可取代。清华校工会书法协会会长、清华大学艺术博物馆常务副馆长杜鹏飞就认为,书写板书有 PPT 难以替代的作用,“板书一写字的过程一方面可以引导课堂的节奏,另一方面非常优美的板书对学生是一种熏陶和培养,也是化育的过程。”确实,板书是师生在课堂上最简易的利用视觉交流信息的渠道。高超精湛的教学板书艺术是打开学生智慧之门的钥匙，是教师教学风格的凝练和浓缩。所以，在教师教学艺术中，课堂教学板书艺术也是非常重要的一种。教师应当充分了解和掌握这种教学艺术。

一、课堂教学板书的功能

课堂教学板书是课堂教学的重要组成部分，是提高教学效果的重要手段。具体来说，它表现出以下几项主要功能。

第一，提要功能。板书是教学内容的高度概括，具有提纲挈领，突出重点的功能。教师在设计板书时往往要对教学内容进行加工提炼，力求将最精华、最有价值的信息呈现给学生。所以，板书紧紧围绕教学的中心内容设计，着重突出教学的重、难点。条理清晰的板书，系统性强，浓缩了一节课的教学内容，帮助学生建构知识网络，进行知识内化，帮助学生掌握知识的发展脉络和逻辑体系。

第二，示范功能。板书要对教学内容进行由表及里、由浅入深的提炼加工，揭示知识之间内在的、本质的、必然的联系，其中蕴含着丰富的思维科学和学习心理学方面的知识及技能，对学生是很好的示范。此外，教师在板书上做出的解题步骤、演算过程、书写格式、图形的画法等都具有示范作用。如此看来，示范功能也是教学板书的重要功能。

第三，启迪功能。板书能够通过一定的方式呈现教学内容的逻辑联系和教学过程的程序，反映正确的思维方法与过程，因而对学生的思路有着指引、调节和导向的作用。

第四，美育功能。设计精美的板书就像一件艺术品，存在着诸多美学要素，尤其是合理的布局、新颖的构思、巧妙的行款、工整的字迹……使人赏心悦目，能够激发学生的学习兴趣，给学生以美的享受。例如，清华大学举办的“清华大学教职工粉笔板书比赛”就惊艳了一众的网友，众多网友纷纷在清华大学微博上大赞老师们的板书作品。

第五，及时改进功能。板书的灵活性强，不像课件，完成之后就基本成型了，除非后期再改，板书的内容可根据学生实际课堂的具体情况随时调整。课堂教学具有动态生成性，总是充满了变数。板书能以有限的符号和文字浓缩高密度的教学信息，当发现有问题时，可以随时改，随时换掉不符合实际情况的内容，将新的重要内容陈列上去，或是随时调整布局，使整体更完美。

二、课堂教学板书的类型

在高校课堂教学中，教师所使用的板书类型多种多样，不过，以下几种类型的板书最常用，效果也比较好。

（一）表格式板书

表格式板书，是指教师将知识点分别列入一定的表格中，以揭示事物之间的内在相似及相异的板书方式。它形式简明，内容扼要，对比性强。运用这种板书，既能够让学生清晰明了地掌握易混淆知识，把握本质，辨别差异，也能够有效地培养学生的归纳、比较能力。为了帮助学生逐一认识事物、事件的不同特点，提高他们看书读图、分析归纳问题的能力，教师在完成板书的过程中，往往是先列出表格的栏目，然后引导学生看书、读图、讨论，并且用简洁的语言文字归纳出栏目中应该填写的内容。

（二）线索式板书

线索式板书，是指教师为突出教学内容的脉络，以知识之间的内在联系和事物发展的过程为逻辑线索构成的板书形式。图 7-1 是川贝母的线索板书示意图。在中药鉴定学课程中，要学习川贝母这一药材，老师若设计这样的板书肯定能收到很好的效果。该线索以“鳞茎”这一基本概念作为线索，紧紧抓住贝母类药材的药用部位均为鳞茎这一共同点，通过讲解鳞茎的概念，归纳总结出贝母类药材的共性，包括组成、气味、主要有效成分及显微粉末特征，再引导出不同贝母类药材的个性特征，这样既避免了共性特征的重复讲授，又教会了学生如何区分不同贝母类药材。

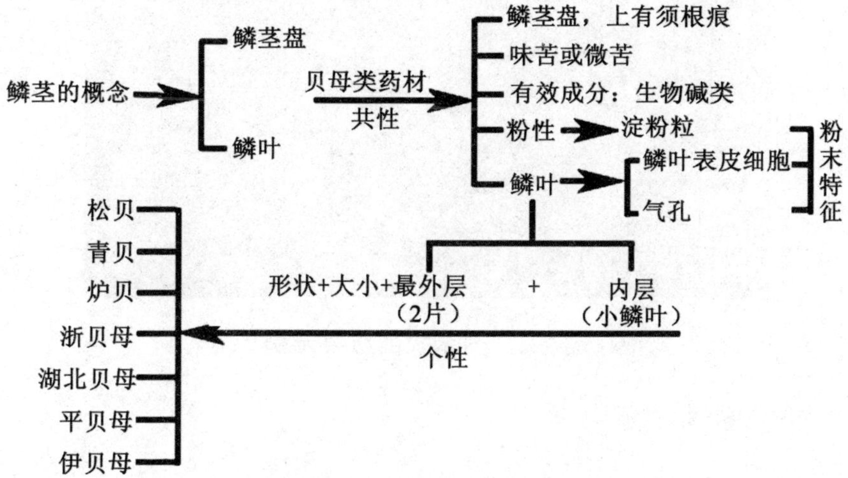

图 7-1　线索式的板书示例

（三）关键词式板书

关键词式板书，是指教师在理解教材内容的基础上，将几个能准确反映教学内容、含有内在联系的关键词，按一定的形式和顺序组合在一起，表现事物的结构、顺序、过程等的板书形式。这里的关键词可以直接从教材中选择。这种板书对教师有着较高的要求，教师要深入理解教材，并善于概括总结，能够抓住反映教学内容本质的关键词。

（四）图示式板书

图示式板书，是指采用线条、方框、符号等组成某种文字图形的板书方式。文字图形直观形象，既可增加趣味性，又能让学生借助于形象掌握教材的内容、结构，领会文章的中心。图 7-2 就是清华大学某老师关于鲁迅先生的散文诗《雪》，设计的图示式板书。该板书照顾到了每个部分的重心，整个架构平衡、统一、对称、协调和呼应，能给人视觉上的美感和快感。

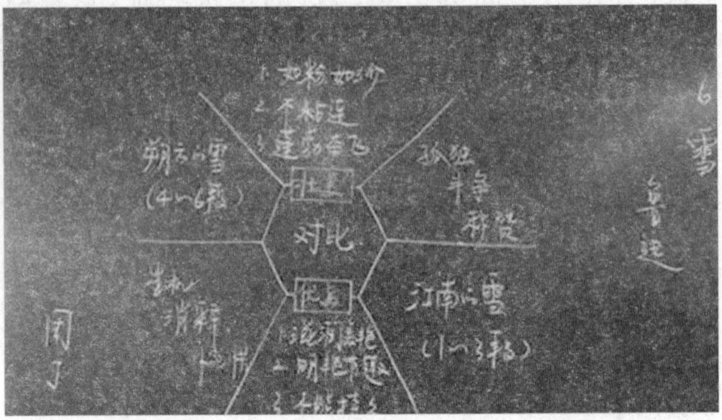

图 7-2　图示式的板书示例

（五）图画式板书

图画式板书，是指教师使用较为形象的图画（简笔画）与文字结合表达教学内容的板书形式。这类板书舍形真而求神似，图画粗略但重点突出，能丰富学生的想象力，加深学生对教学内容的理解。在学习巴甫洛夫的经典性条件反射理论时，教师就完全可以采用如图 7-3 所示的板书。老师可能画不了图中这样逼真，粗糙一点没有关系，能够让学生看懂即可。

（六）提问式板书

提问式板书，是指根据知识的主要纲目和内在联系，以提问的方式设计环环相套、丝丝入扣的问题而成的一种板书形式。这种板书的特点在于比较接近人们日常思维过程，易于被学生接受，能够使学生产生悬念迭起、疑窦丛生的心理，激发学生认真看书，积极思考，从而既能使学生掌握知识要点，又能使学生在努力寻找答案的过程中了解教学内容的归纳过程和思路。

虽然可采用的板书类型很多，但教师在选择时一定要熟悉各类板书形式，在此基础上注意根据教学的内容、目标、方法，以及学生特点等选择合适的板书。

巴甫洛夫的实验

图 7-3　图画式的板书示例

三、课堂教学板书艺术的要求

教师要想提高自己的教学板书艺术,除了掌握板书的一些基本知识,还要满足一些特殊的要求,具体如下。

(一)注意板书的计划性和科学性

教师在备课之时,就应当重视板书的计划,要通盘考虑,事先精心设计,不可在讲课之时随意写板书,那样往往会出现词不达意、错别字、大小标题混乱、总结性的板书语言过滥等问题。这一堂课要板书哪些内容,板书的内容确定之后,什么时候书写,写在什么位置,决不能随心所欲,要根据讲课的方式而定。板书的内容安排在黑板上的哪个位置,先板书什么,后板书什么,大标题写在什么地方,小标题写在什么地方,哪些东西应该保留到讲课终了,哪些东西可以作为临时板书随写随擦,这些方面在备课时都应该精心设计。

板书要力求准确、科学。保证板书的科学性,教师应注意做到以下三个方面:第一,板书的内容要科学,不管是概念表述、公式推导,还是要点陈列等,都要准确无误;第二,板书中文字书写要正确,要用标准的简化字,不可出现错别字、多字漏字现象;第三,板书上的表格、图形要科学,绘制的表格线条要整齐,图画不歪曲事物的真实形象。

(二)语言要精练概括、简明扼要

板书要做到板书内容提纲化、要点化、条理化,通过板书,能帮助学生将零碎的知识聚零为整,抓住知识要点,从纷繁的知识内容中理出关键性提纲,起到提纲挈领的作用。所以,板书的语言一定要精练概括、简明扼要。很多经验丰富的教师设计的板书通常都具有主次分明、层次清晰、详略得当的特点,他们往往是运用一句话、一个词、一个字、一个公式、一个图形,就点出了教学的核心内容，突出了所讲事物的实质，加深了学生对问题的理解。当然，教师在浓缩词句时要注意准确、恰当地表达原意，不能准确、恰当地表达原意的“简明扼要”是不可取的。

（三）板书要系统完整

一般情况下，教师在一节课就使用一个板面，所以一节课板书的安排应突出其独立性，应是一个整体，教材的主要内容能从板书上充分反映出来，不能丢三落四、虎头蛇尾。有些教师在刚开始讲课时非常注意板书，在内容、层次等方面都做得比较好，但讲着讲着就忽视了板书，越写越乱，越写越少，甚至把该写的不写，做不到善始善终，打破了板书的系统完整性。这样，板书自然也难以发挥其应有的作用。

（四）板书的布局要合理

教师要想提高自己的教学板书艺术，一定要合理布局板书。这是说要对在黑板上书写的文字、图表、线条，做严密周到的安排，使其既符合书写规范要求，格式行款十分讲究，又能充分利用黑板的有限空间，使整个教学板书紧凑、匀称、协调、完整、美观、大方。合理的板书布局既可以增加教学内容的条理感和清晰度，避免引起学生视力过早疲劳，也有助于培养学生的审美能力等。

常见的教学板书布局有中心板、两分板、三分板、四分板、五分板等。不同的布局有不同的优势与局限，不管采取哪种板书布局，教师都应尽可能地做到主次分明，主板少而精，保持整洁，副板条理清楚，层次分明。

（五）板书要具有启发性

板书还应当富有启发性，能够在一定程度上活跃学生的思维，激起学生的兴趣，使学生乐于学习，积极主动地参与其中，并进行思考。为此，教师在设计板书时，首先要注意板书的新颖、独特性，其次要留有余地，给学生创造思考与想象的空间，切忌教师一包到底。

（六）板书的设计要巧妙，要美观大方

板书就是一种艺术品，它展现的艺术水平高不高，就看教师是否在设计板书时匠心独运、巧妙设计。板书不仅要“中用”，还要“中看”，所以板书要设计得美观大方，要能使学生受到美的陶冶。比如，板书的字体要美观、工整、结构合理、大小一致；各级标题要对应，行距、字距相差不大，排列形式上横平竖直；适当采用彩笔，利用各种色彩搭配，突出色彩美。

（七）板书与多媒体教学有机结合

在大学中，各科知识的难度与抽象程度较高中有了进一步的提升，甚至有许多知识是无法用语言或文字阐明的，增加了大学生理解的难度，但利用多媒体设备，教师可以结合图片、音频、视频等多种元素进行讲解，让知识以更加直观、易懂的形式展现出来，让授课模式变得更加灵活生动，进而刺激大学生的感官，这样不但能激起大学生学习的兴趣，增强大学生学习的自主性，还能够促进其思维的发散。既然多媒体教学有这么多好处，就一定要抛弃板书吗？答案是否定的。板书有板书的优势和特殊功能，比如即时性的优点。所以，将两者结合起来进行教学是每一个高校教师都应努力实践的事情。也就是说，高校教师要在对电子设备加以利用的同时，也要注重板书的利用，要写得一手好字，设计出好的板书。

第三节　高校教师课堂教学表演艺术

表演艺术作为一种艺术形式，能给观众美的享受。课堂教学也存在表演艺术，它体现在教师的教学艺术中。美国学者哈里·道在《教学：一种表演艺术》一书中说：“教学实际上是一种表演艺术，教师的选择、训练、职业指导、工作条件以及人员补充的方式都应参照其他表演艺术的特点。”教学艺术在某种程度上诠释着表演艺术的理念，显现出表演艺术的延伸和升华。教师的表演艺术和演员的表演艺术相比较，不同点在于教学艺术的情感特别真，没有任何“演戏”之感，教师的形象塑造如衣着打扮、表情动作、语言等都体现着一种情感，促进学生对教学内容的理解和思考。但教师的表演艺术应受理智制约，尤其是情感的表达，要有一个“度”，要留有余地，让学生去感受。教学表演艺术是教师课堂教学艺术的精髓所在，表演艺术对教师课堂教学艺术的启示十分深刻。

一、课堂教学表演艺术的概念

表演，是指演奏乐曲、上演剧本、朗诵诗词等以声音、表情或动作再现某些作品的活动。表演艺术是一门综合艺术，是各种艺术的组成元素和艺术表现形式。教学，是教师教、学生学的统一活动。当教师的“教”，学生的“学”达到一定境界的时候，教学也就成为一种教学艺术。教师的课堂教学艺术具有鲜明的表演性。在教学中，教师通过教学语言、肢体动作等，向学生传授知识，这些都能体现表演的特征。教学艺术水平的高低，决定于教师表演水平的高低。许多教师视讲台为舞台，上课前精心设计，其中引人注目的“亮相”、富有创意的“布景”、巧妙的“道具”、层次分明且引人动情的“剧情”、耐人寻味的“结束”等，无不与艺术家的表演有异曲同工之妙。

教学是一种特殊的“表演艺术”，但它与一般的表演艺术是有区别的。舞台上的表演是将各种知识融在剧情里，通过艺术形象的塑造以情感人，包含的理性成分是比较少的。课堂教学对学生的影响是潜移默化的，也是直接的。课堂教学将学生集中在一个有限的空间——教室里，教师和学生的互动可看作一种“表演”，采用表演的各种手段将知识传授给学生，其理性成分更多一些。舞台表演更多是对原作品的演绎，演员的表演相当于一种二度创作，为使艺术形象更加生动，表演内容通常会发生一定程度的变动。教师对教学内容的二度创作，侧重于形式而不是内容，将传授知识内容的形式变得生动、灵活，从而使抽象的知识具体化、形象化，让学生更加容易接受、内化，最终实现教学目的。总之，教师的教学表演艺术就是把教学内容赋予一般意义上表演的诗意情感内涵，让学生直观地感知到知识的外在形式，从而传达出如画的教学意境，达到外形、情感和内蕴的统一。

二、课堂教学表演艺术的审美特征

课堂教学表演艺术具有直观性、综合性及丰富性等审美特征，既体现着表演艺术的无穷魅力，又反映了教师教学艺术的生命活力。

（一）直观性

在表演里，过程性与直观性是高度统一的。课堂教学表演艺术将表演美、综合美等作为一个生动的过程在教室里展现。课堂教学的直观工具，也体现了课堂教学表演艺术的直观性。实物、模型、图片、玩偶、幻灯片、录像等都是直观教具。俗话说："百闻不如一见。"这是人们认识客观事物的一条规律，运用实物演示情境，正是从这一认识规律出发的。教师把实物带入课堂，这些实物应该都是学生在日常生活中接触过的，学生在课堂上见到它们往往会产生一种新鲜感，注意力马上被吸引，并将课堂内容与实物建立了直接联系。一些不便带入教室的实物，教师用图片、玩具或模型代替。文与画是相通的，借助图画再现情境，可以把内容具体化、形象化，收到"一图穷千言"的效果。

表演让一切发生在"观众"（教师和学生）面前，使"观众"（教师和学生）直接感知和亲身体验教材中反映的内容。教学中，教师的手势、动作、示范、面部表情、神态、发音的口形示范、语调、声音等和语言相结合，能够创设语言环境，渲染语言气氛，吸引学生的注意力，帮他们迅速地感知理解学习内容，提高感知的效果。在此过程中，“观众”（教师和学生）成为课堂教学中的积极参与者，师生可以进行面对面的直接交流。这种直观感受的审美特征使得课堂犹如一个剧场，在特定情境下，主角（表演者）、配角（“观众”）等纷纷登场，表演者（教师或学生）根据教学需要演示出一幕幕精彩的“舞台剧”。

（二）综合性

表演艺术包含了文学、音乐、舞蹈、绘画等艺术元素，是一种时空交融、视听兼备的综合性艺术。音乐表演和诗歌朗诵的时间性、听觉性，绘画表演时的空间性、视觉性，舞蹈时人的形体动作等，无不展示了表演艺术综合性的审美特征。例如，中国戏曲就融合了各个艺术门类（如音乐、文学、舞蹈、杂技等），各种不同的艺术因素与表演艺术紧密结合，通过演员的表演实现戏曲的全部艺术审美。此外，课堂教学表演艺术也包含了文学、音乐、舞蹈、绘画等艺术元素，这些也体现了课堂教学表演艺术的综合性。

（三）丰富性

表演艺术手段的多样化造就了表演艺术美的丰富性。在课堂表演艺术中，角色（教师或学生）演唱、伴奏或舞蹈等表演，以及教师艺术化的语言等起着突出作用。例如，课堂表演艺术美的丰富性在音乐课中就被演绎得淋漓尽致。音乐具有很大的情绪色彩，不同旋律的音乐通过不同乐器的演奏，可以表达不同的思想感情，从而使听者产生丰富的联想，形成或深或浅的情感体验。通过音乐渲染氛围，形成一种特定的教学环境，使学生能够在一种独特的情感体验中理解知识、接受知识、产生联想、强化记忆。此外，在课堂表演艺术中，师生富有表情的吟诵可以形成一种感人的氛围，使学生产生深刻的情感体验。教师的语言生动形象，把抽象的概念具体化，深奥的道理形象化；富有有节奏感教学语言，根据教学的需要营造一种高低快慢、轻重缓急、抑扬顿挫相结合的情景。教师的这种艺术化的语言,能够为学生营造一种特定的心理氛围,把学生带入一种虚实相生、如幻似真的艺术境界,从而达到一种准体验。通过背景音乐的烘托渲染,使学生获得如临其境的氛围体验。所有这些手段的综合运用,使课堂表演艺术产生美的丰富性。

三、课堂教学表演艺术的“精神能量转换”

课堂教学中的表演艺术存在着精神能量的转换。表演艺术是教师课堂教学艺术的一种精神能量转换,它通过教师和课程之间、教师和学生之间以及学生和课程之间完成。

(一)教师和课程之间的精神能量转换

课程是教师为学生提供学习的媒介,课程及时地把知识反映在学科结构中。一个教师的学科素养越高,他的课程处理能力越强,越容易做到课内渗透、课外延伸。在课程建设上,一方面指导学校进行课程体系和课程结构的顶层设计,真正形成适合学校学生的特色课程;另一方面,要指导教师对学科课程的二次开发和课程的再生。随着现代信息技术的推进,教师在教学活动中挖掘和开发课程资源,已经具备相当优越的条件。因此,高校教师必须切实转变以往狭隘的课程观,应当发掘、利用互联网、图书馆、实验室、工厂企业等社会资源乃至自然资源,以课程资源开发者的身份,充分、合理地利用任何素材资料,使课程教学内容在活化的基础上不断创新,将教学由过去简单的知识传输、传递过程变为推动学生人格健全和谐发展的体验过程。开发课程的过程,是提高教师学科能力,促进老师教学思想、学生观真正形成的过程。课程从抽象的书面内容到教师有血有肉的创造,是教师和课程之间的精神能量转换的具体体现。如果说课程是一个剧本,那么教师对课程的实施就是实际的表演。课堂中的教学艺术通过教师和课程之间的精神能量转换,通过表演艺术传递给学生,使教学获得生命。

(二)教师与学生之间的精神能量转换

在课堂教学中,教师与学生的关系可以理解为角色与角色之间的关系,在教师向学生展现课程内容的过程中,师生建立起相互信任的关系。一个好的老师就是在学生遇到问题的时候,让学生自己去解决;一个高效的课堂就是在教师与学生的互动中,教师充分相信学生、解放学生,并充分利用学生和发展学生。每个学生都是天生的学习者,传统的课堂长期以来倡导的是教师必须全力以赴、竭尽全力地“教”,而忽视了课堂主体的学生如何更好地“学”,更愉快地“学”,更有效地“学”。高效的课堂教学关键不仅在于教师教得有多好,教得有多认真,还在于学生的学习兴趣是否被激发,学习主动性是否被唤起,学习积极性是否被调动,学习能力是否在提升,所学知识是否被很好接受且内化。教师在教学过程中的角色不仅是指导者、管理者、提问者,更是课堂教学过程中呈现出信息的“重组者”。高校教师要通过“传道、授业、解惑”用人类文化知识的精华启迪学生的智慧、陶冶学生的心灵,引导学生高效、健康地发展。高校教师所传之“道”应该是通过学习积累和理性反思、升华而内化了的知识和方法以及做人的道理,其弥漫于教师的一言一行,一举一动之中,使学生潜移默化地受到心灵的陶冶、智慧的启迪、思维的拓展。教师所悟之“道”,既包括自然界、人类社会和科学发展的规律,也包括做人和做学问的一些真知灼见;教师所授之“业”,应该有独到的见解,是深入研究后对专业的一种“通观力”;教师所解之“惑”,包括学生对社会、对人生、对终极意义的困惑,以及对学问的困惑。高校教师的教学必须是富有创造性的,无论是教学内容还是教学方法都应该充满创造性。教材是教学与交往的一个主要媒介,教师要以此为参照重新编排课程内容,对教材提出建设性和批判性意见,并指导学生学会学习、学会反思和批判。高校教师要从知识的权威、真理的化身、班级管理者的角色转变为与学生地位平等的对话者与倾听者。通过与学生的平等对话和设疑问难,不断清除学生思维中对知识的偏见、所掌握知识的缺陷和障碍,实现对知识的真实理解与领悟,实现师生之间以及人与知识之间的有效沟通与融合。

当教师作为表演者时,应该学习、借鉴表演艺术,不图浮华但求平实,也需要"用心"。当学生作为表演者时,他已经向教师和同学敞开了大门,诠释着自己对学习的理解和转化,表演着自己的成功。在这个转换中,他需要大家的鼓励、支持和帮助,从而促进表演质量的提高。

课堂教学中的表演艺术不仅要求表演者(教师或学生)借助教学内容和教学器具来体现教学意图,而且要求表演者具有丰富的想象力。不仅善于学,还要善于化,将所授或所学知识化到自己的独特风格之中。教学中施行的表演艺术,其目的不是为表演而表演,而是通过表演这一形式,促进师生间良好关系的建立,促进学生主动健康地发展。

(三)学生和课程之间的精神能量转换

在实践中,任何一所大学内部的活动都是围绕着课程这个中心环节开展的。课程之所以在高等教育领域处于如此重要的地位,是因为:高等院校是为培养人才而设,而培养什么样的人才、如何培养人才等,都需要通过课程来实现。在课堂教学中,学生在教师的指导下学习。课堂如同"剧场",在这个"剧场"中,学生"把课程的精神能量转换成个体的精神能量,转换成自己的知识、能力、情感、态度、意志与智慧的过程中"①。"课本剧"是课堂教学中学生和课程之间的能量转换的最直接的形式。教师根据课文内容及相关资料改编,适时引导学生开展课本剧编、演活动,不仅可以加深学生对知识的理解,丰富学生的见闻,而且可以发展学生的个性特长,增强学生的合作意识、创新能力及综

① 李政涛.表演:解读教育活动的新视角[M].北京:教育科学出版社,2006:102.

合素质。在编演过程中，对学生的课程知识要有一定的要求。当前国内外高等教育越来越把高校课程的知识结构体系作为重点问题予以关注，因为这是让大学生怎么学到更有用的知识，也是关系高校教学质量提高的大事。学生既要有扎实的课程知识基础，又要有个性化的对话语言。台上台下的交流，使学生对课程有了更进一步的认识，从而实现了学生和课程之间的精神能量转换。

在学生和课程之间的精神能量转换中，表演艺术发挥了重要的作用。教师这一媒介，使学生与课程连接成一条纽带。从陌生到熟悉，从理解到领会、表演。通过表演，把课程内容转化为自己的身体行为和思想观念，从而实现课程情节的再现。在这种转换中，突出了学生学习的自主性。

第四节　高校教师课堂教学倾听艺术

倾听学生的叙说是教师的道德责任，倾听教师的叙说是学生的学习要求。教学倾听创造出相互关心、相互尊重、相互理解、共同发展的世界，在教学艺术的大花园中具有独特的魅力。本节主要对高校教师课堂教学倾听艺术进行具体分析。

一、教学倾听的含义

“倾听”不是“倾”与“听”的简单组合。“倾”是侧着身子的意思，是人们在倾听过程中主动意识的表现。倾听是主动获取信息的一种积极的、有意识的行为。倾听是接收信息、确定其含义并对此进行反应的过程。它由三个连续的阶段组成：信息的接收，即耳朵对听到的言语信息或眼睛对观察的非言语信息的接收；含义的确定，即大脑对接收到的信息进行分析、加工、理解等思考活动，明确信息所包含的意思；对信息进行的反应，即在内心接受、拒绝信息，或在言语上评价信息等。

教学既是一门科学，又是一门艺术。在课堂中存在多种表现形式的教学艺术，倾听艺术即是其中之一。教学倾听就是指师生在教学过程中应用倾听的方式并充分发挥倾听的独特艺术魅力，从而提高教学艺术效果和水平的活动。教学倾听的主体是教师和学生，教师与学生的相互述说与相互倾听构成了富有“生命活力”的课堂教学。

教学倾听是课堂教学的本质需要。学生要在课堂中获得发展，需要充分发挥自己在课堂学习中的主体作用，这就要求他们在学习过程中学会倾听，倾听老师的讲解、点拨。教师的指导要有效，就离不开教师的倾听。所以，教学倾听使教学中的教师与学生、学生与学生很好地结合起来，实现了“教”与“学”的有机统一。

二、课堂倾听缺失的危害

目前，在高校教师的课堂教学实践中，倾听处于一种危险境地，出现了假听、偏听、错听等各种各样的“病症”，这对高校课堂教学质量提升造成了很大的阻碍，主要表现在以下几方面。

首先，制约了深度教学的实现。倾听的过程就是思维的展开过程。没有情感和思维的倾听，只能是一种表面的、被动的、没有意义的“听”。目前，在高校课堂教学上盛行的是“库存知识”的简单位移，这容易造成学生习惯于听、记的被动学习，缺乏主动倾听的意识和习惯，课堂教学严重缺乏“深度”，出现了“各说各话”的热闹场面，其他学生也并未实质性地参与到对话中，只是消极地扮演着“听众”和“看客”的角色。

其次，导致了课堂对话的异化。目前，在高校的课堂教学中，很多教师习惯性地用自己固有的思维模式来筛选学生的观点，缺乏对学生经验、情感的仔细体悟和深入理解，很难从学生的立场和角度去思考问题。这导致了师生之间的有效对话难以真正展开。

最后，束缚了学生批判性思维的发展。有学者指出："高校课堂教学理应具有学术性、交往性和批判性等特征。"①可惜的是，在目前的高校教学中，批判性思维的培育并未引起师生的重视，高校正在悄无声息、大量地再生产"无批判性的人"。面对高学历的专家、教授，很多时候，学生只是努力地"记住"老师在课堂上所讲授的知识内容，不敢对老师的言说进行质疑、批判，不敢对老师的知识权威发起挑战。

三、课堂教学倾听的原则

（一）真诚

倾听应该是真诚的。老师在倾听的过程中应该表现出真诚的态度，坚持耐心且专注的神情和态度，以展示自己的真诚。否则，学生很快便停止发言，并对老师产生一种不信任感，从而影响参与热情。

（二）完整

学生的发言是其主动参与课堂学习的一种积极的情感态度，无论表达的观点或见解对与错，语言流畅与否，教师都要完整倾听，不能随意打断，更不能急切地替学生表述。只有耐心地倾听完学生的发言，教师才能知道学生对知识的真实理解。因此，教师在倾听学生发言时要有耐心，要学会等待。

（三）客观

要使倾听有效，教师的倾听就必须客观，不能带有任何主观感情色彩。教师倾听到的应该是学生的真实思想，或者说是学生自己的真实想法的表露，而不是教师的"意图"，或者说教师强加给学生的想法。

---

① 张荣华．论师范大学课堂教学之道[J]．黑龙江高教研究，2012(9)．

(四)公正平等

教师对待不同学生的发言应该是公正平等的。学生个体水平与考试成绩是存在差异的,这不应该成为教师是否倾听的标准,特别是学习困难的学生的发言,教师更要主动、认真地倾听,让其感受到教师的一视同仁。

四、课堂教学倾听的技巧

教学倾听是视觉、听觉、触觉、运动等综合的多样性活动,教师掌握并运用一定的倾听艺术的有关技巧,可以增加教学倾听的艺术性,从而使教学倾听更加有效。

(一)唤醒教师的倾听意识

在当下的高校课堂教学中,教师缺乏倾听的意识和能力,所以一定要唤醒教师的倾听意识,帮助教师掌握倾听的技巧。

首先,高校教师要彻底摒弃以往“一言堂”的话语霸权行为,尊重并给予大学生充分表达的权力和空间,鼓励大学生分享自己的精彩观念。当各种不同的精彩观念相互碰撞和激荡之后,课堂教学就会形成富有活力的“交响乐”。

其次,高校课堂教学是一种开放式的教学,在课堂上教师要让大学生畅所欲言,教师则要敞开心扉,悦纳和理解学生的不同见解和看法,真正走入学生的内心世界,与大学生进行深入交流。

最后,高校教师要对知识和学习的本质进行全新的诠释,强调大学生知识的创造性、个性化的理解和建构,致力于大学生批判性思维能力和精神的发展,变封闭、孤立的学习为开放、交互的学习。

(二)保持敏感

教学不仅需要倾听真实的言说,还需要倾听全部的信息。因此，教师要保持高度的敏感性，把隐藏在沉默、话语或其他方面背后的声音转化为意义，捕捉到学生真实的信息，既能听出学生认知方面的信息，又能听出学生情感方面的信息；既能听出言语信息本身的含义，又能听出信息的言外之意、重要之处；既能从言语信息中得到有用的信息，又能从非言语信息中得到有用的信息。这就要求教师要对来自学生的每一个声音所隐含的价值保持高度的敏感性，通过察言观色，从学生的副语言（音质、音量、声调、语速、节奏等）、手势、面部表情、眼神、体态、距离等来洞察他们的内心世界，理解他们内心的思想、感情和愿望，进而将其转化为有用的信息。

（二）正确理解信息

倾听与理解是不可分割的，没有理解的纯粹倾听是不存在的。这就需要在倾听时思考并借助记忆力、想象力、选择力等正确理解接收到的信息的真实含义。教学倾听时的思考理解的意义对于学生而言主要在于准确获知信息含义，对于教师而言在于为后继的反应提供依据。思考理解之后，教师往往要决定采取什么样的反应：或是对观点的点拨，或是对此展开讨论，或是回味精彩的述说，或是进行价值评判和引导。

（三）耐心等待

教学中，要了解学生学习的真实状况，使教学朝着积极的方向发展，教师倾听就必须要有耐心。足够的耐心就是教学倾听的一个重要基础。学生在课堂上的发言可能出现偏差，甚至可能与教师的意见截然相反，此时，出于对学生的尊重，教师必须保持足够的耐心，适时加以引导，切忌表现出厌烦的情绪，更不能心不在焉或者对学生的谈话充耳不闻。越有耐心，就越能打破僵局，越容易达成教学意图，越能促进教学质量的提升。

（四）注重反馈

沟通必须有反馈。在教学倾听过程中，如果学生不但向教师积极反馈言语和非言语的信息，而且真诚地体验教师的经历或感情并对这些感情做出反应，那么师生双方就能引起思维的共振和情感的共鸣，使信息得到正确的理解，使问题得到更深入的讨论。课堂教学中师生在具体的情境中不断变换言说者和倾听者的角色，相互的反馈尤为重要。

教学倾听的反馈有许多种，包括传递师生倾听意愿的言语、非言语信息和教师的及时的评价、鼓励等，这些都可以使彼此的思维向纵深处发展，给人以新的启迪。

言语性的倾听用语如“对”“是”“没错”等，非言语信息如面带微笑、友善而放松的表情、频频点头等，这些行为都可以向对方反馈自己愿意倾听的态度。在教学倾听的过程中，对于大学生观点的表达，教师要有适当的反馈，不管是言语性的，还是非言语性的，只要是会心地呼应学生的发言即可，这有利于营造良好的学习氛围。

五、课堂教学倾听的注意事项

（一）教学倾听不是万能的

虽然倾听可以解决很多问题，但不可能解决教学中的所有问题。教学倾听与教学中的其他方式或方法一样，都需要相互渗透、相互配合、相互作用，可见，教学倾听不是一种可以独立运用的教学方式和手段，只有与课堂其他各种教学方式和行为相融合，才能充分发挥作用。

（二）良好的倾听是师生双向的倾听

倾听不只是对老师的教学要求，学生也要养成倾听的习惯并懂得如何倾听。倾听在教学中的运用要求教师在教学过程中还要关注和培养学生的倾听意识和品质。教学中，师生双方缺少任何一方的倾听，教学倾听都不完整，都不可能产生应有的效果与作用，师生之间、生生之间的对话都不可能真正实现。

（三）注意与倾听者之间的距离

教师要准确地倾听学生的讲话内容，与学生实现互动，就必须与学生保持近距离，这样才能侧身交流、倾耳聆听。但距离又不能够过近，以免让学生产生压迫感。

另外，教学倾听过程中，最易被忽视的就是学习困难、成绩落后的学生。忽视学习困难、成绩落后的学生，既不利于实现良好的课堂教学效益，也不利于班级的发展。其实，学习困难、成绩落后的学生在课堂上更渴望得到重视，更渴望有表现自己的机会。老师倾听他们的发言，可以了解他们对课堂教学的接受度和困难点，从而针对性地为他们制订可以有效提高学习效率的方法，以改善他们的学习情况，唤起他们的学习欲望，培养他们的学习兴趣，激发他们的学习热情。

总之，教学倾听是课堂教学中教师进行教学和学生实现发展的一个重要方式和手段，在当今的新课改过程中显得尤为重要。掌握教学倾听的艺术，养成教学倾听的习惯，能够使师生逐渐相互理解，提高课堂教学的效率，感受教学带来的快乐。

第五节　高校教师课堂教学节奏艺术

大学的课程表面上安排得不是很紧，但大学课堂教学节奏快，信息量大，教师详细讲解少，很多知识需要学生自己去阅读、理解和掌握。课堂教学节奏，是由声音、内容、师生的心理活动等因素构成的，它与单纯由音响运动的轻重缓急构成的音乐节奏不同。从某种意义上说，声音的轻重缓急只是一种表层的节奏，一种次要的节奏。课堂教学节奏主要还是由教学内容的传播节奏和师生活动的心理节奏决定的。恰当的课堂教学节奏能调动学生的学习情绪，集中学生的注意力，能给学生以美的享受，促进学生的身心健康。课堂教学节奏过快，容易使学生紧张疲劳，“消化不良”；节奏过慢，容易使学生精神松懈，分散学习注意力；即使适度的节奏，如果单一不变，也容易使学生产生单调感与抑制心理，削弱学生的学习兴趣，降低其学习热情。可见，课堂教学节奏艺术，是影响学生学习积极性与学习效果的重要因素。

一、课堂教学节奏艺术的主要表现

课堂教学节奏艺术的主要表现为快慢得宜、动静相生、疏密相间、张弛有度。

(1)快慢得宜。这里的“快”和“慢”，是就教学过程的速度而言的。教学的行程节奏包含两方面的内容，一是教学速度的快慢行止，一是教学内容的详略取舍。教学速度的快慢行止和教学内容的详略取舍有机地结合就形成了课堂教学的行程节奏。要科学合理地安排好教学行程，要求全面把握教材，突出重点，合理剪裁，主次分明，详略得当。教学节奏艺术快慢得宜，也要求使用快节奏时，学生的思路能跟上讲课的进度，不会出现中差生出现掉队现象。

(2)动静相生。这里的“动”指的是教学活动中的一种活跃状态，如学生在教学活动中积极参与，踊跃发言，热烈讨论与争辩。“静”指的是教学活动中的一种相对安静的聆听与沉思。对此，教师要注意强弱刺激的交替。课堂教学中，学生的思维活动一般都是在外界刺激下进行的。从思维的一般特点看，它总是线性发展的，但又不是直线发展的。因此，课堂思维训练的渐强也不宜是直线状的渐强，而应是在保持总体趋向渐强的基础上，不断变化刺激的强度，以形成学生思维的鲜明节奏。符合教学美学要求的课堂教学节奏应是“动”“静”的交替出现和有机结合，使课堂既能保持朝气，又能维持教学秩序。教师组织教学时，要巧于安排教学方式，使之有动有静，动静结合。

(3)疏密相间。“疏”(间隔大、频率小、速度慢)给人以舒缓、轻松的感受;“密”(间隔小、频率大、速度快)给人以急促、紧张的感觉。一节课,学生接收信息的量度,最终还是看他可以记忆贮存多少新的知识。为了适应学生的认知特点,使他们能更好地接受教学信息,教师课堂教学信息的密度也应注意疏密相间。

(4)张弛有度。课堂教学中的“张”是指紧张、强烈、急促,即教师能按教学大纲的要求,在合理的时间范围内,通过一定的强度和力量的表现,顺利完成教学任务。而“弛”则是指轻松、舒畅、自如,即教师在课堂教学中的紧张强度是有限度的,授教者必须全面把握教材的特点,选择科学恰当而有效的方式,对教学中的重难点内容进行合理分配,对课堂情绪进行合理调控,让课堂如春风拂面、高潮迭起、趣味横生、节奏鲜明、此起彼伏,促使学生在张弛有度的艺术情境中,充分享受课堂教学的美。教学过程贵在曲折起伏、跌宕有致,才能富于变化、引人入胜。而如果只是一味地平铺直叙,那就乏味了。

二、课堂教学节奏的调控

如果教学是一门艺术的话,过于饱满紧张的课堂,就好比没有留白的中国画,满而无韵;也好比没有休止停顿的歌曲,冗长无趣得很。因此,课堂是需要有空白的,高校的课堂也不例外。课堂的空白有两个层面的理解:一是教师不要占用所有的时间,而应该留出一些时间给学生思考和实践;二是课堂需要有音乐般的节奏感,动静结合,张弛有度。如果说,高校教学的最高境界就是营造具有创造性的生活过程,那么,课堂的空白就体现了生命本然的节奏,所谓一张一弛,文武之道。

高校教师对课堂教学节奏的调控。所谓调控,包括调节与控制两方面。

(一)课堂教学节奏的优化调节

在课堂教学中,常常有一些节奏不和谐的情况出现,这主要是由师生低度配合造成的，要调节这种节奏，教师必须发挥主导作用，设法增强师生配合度。

1. 根据学生的听课反应调节

教师上课面对学生必须时刻注意学生的课堂反应，并以此及时调节自己的教学节奏。大学生生理、心理开始成熟，他们年轻气盛，精力充沛，并有独立思考的能力，极易过度重视自我，但其自控力又较差，很容易在课堂上产生其他的想法。教师要注意观察学生的表情，如果发现学生表情异样或精神不集中，要及时想法补救，否则，全然不顾地一直讲下去，就会造成教与学的脱节，出现教师在上面讲，学生在下面各行其是的局面。当教师发现学生听课神色茫然，答问吞吞吐吐时，说明学生跟不上教师的进度，此时教师就应放慢节奏，在“原地”稍候，或者回头去重温一下讲过的内容，尽量让学生不掉队。当发现学生已经疲惫不堪，或心不在焉、昏昏欲睡，或答非所问时，说明学生的注意力已经分散，教师就应变换一下节奏，如突然中止讲课，让学生自我修整，或转变方式或轻换话题以引起学生兴趣，使其注意力重新集中，然后再转入正题。当发现学生已经懂得正在进行的教学内容，表现出松懈淡漠、漫不经心、厌烦等消极抵抗情绪时，教师就不妨加快节奏。教学节奏的变化调节，就要靠教师对学生听课反应的把握。

2. 根据讲课的内容调节

讲课要注意掌握“火候”。一般来说，教材的重点、难点宜在一节课的前 30 分钟讲，要点、小结宜在学习情绪高涨的时候讲，并要放慢速度，让学生有充分的时间去思考，理解掌握。浅显的内容，可以略讲，也可以“跳跃”加快节奏，让学生不觉得拖沓、厌烦。

3. 通过新旧知识的联系调节

奥苏贝尔的有意义学习理论着重强调了认知结构的地位，围绕着认知结构提出的上位学习、下位学习、相关类属学习、并列结合学习和创造学习等几种学习类型，为新旧知识是如何组织的提供了一条较有说服力的解释。奥苏贝尔认为，能否建立起新旧知识之间的这种联系，是影响学习的最重要因素。新知识应从旧知识的基础上引导起步，激发学生的积极思维。若学生的听课思维处于不活跃状态，听新课就会感到知识的突如其来，深奥莫测。此时，应联系旧知识，以旧知识作为引导，作为铺垫，提高学生学习新知识的兴趣，联系旧知识也应引发出新的东西。在知识经济时代，知识更新速度加快，面对教材滞后，知识陈旧的问题，老师应广泛参考本学科的国内外最新资料，不断调整讲课内容，才能把最新的知识、最前沿理论和实际问题介绍给学生。要使学生时时处于兴奋状态，就必须增强新知识的诱惑力，注意案例的举证，因为生动活泼的教学，往往离不开举例，举例具有画龙点睛的作用，能激起学生的兴趣，真正使每个学生每一节课都能有所收获，新旧联系，由浅入深，由易入难，节奏分明，就能引起学生持久的注意力。

（二）课堂教学节奏的优化控制

1. 教学语言节奏的优化控制

教学语言要通过流畅、舒卷自如、饱含激情、富于变化、快慢得体、高低适宜、抑扬顿挫等节奏来表现。在教学过程中，教师用语的准确、精练，声调的抑扬顿挫，音色的清晰悦耳，表达的快慢适度，有利于学生感知和理解教学的内容。

2. 教学内容节奏的优化控制

教学内容的分配要合理，有一定的布局，重点、难点巧作安排，课始、课中、课尾都要精心设计，整堂课做到中心突出，节奏鲜明，有起始、有发展、有高潮。高校教师对课堂教学内容有时候需要点到为止，不可冗长反复。例如，讲评学生观点时不能过于尖锐,要给学生留下思考的余地;又如讲解重点、难点和总结内容时,可适当延伸,将有探究意义的问题留给学生自己去思考和发现。从节奏的层面来看,高校课堂也应该分成具有间歇性的几个片段,如果是一小时的课长,可分为两到三个片段,每一个片段有一个教学重点,环环相扣的中间留出一点点空白来,让学生有喘息的余地。

3. 教学时间节奏的优化控制

对一堂课的时间安排要合理分配,如复习过渡占多长时间,传授新知识、巩固新知识用多少时间,演示直观教具、课堂提问、组织讨论各用多少时间,都要做到心中有数,使课堂上的每一分钟都得到充分利用。高校教师在以下三个环节应留下空白:一是提问后的空白,二是讨论时的空白,三是理解时的空白。也就是说,教师提问之后要留给学生足够的时间去思考;讨论时不要随意讲出自己的结论,要让学生自己去发现和总结;讲述重点、难点时,也应稍做停留,让学生可以充分理解、消化相关内容。

总之,调控课堂教学节奏,使之与学生的心理活动节奏相吻合,是组织课堂教学的重要组成部分,是教学效果达到最优的先决条件。

第八章　提升教学实践的合理性——高校教师的反思性教学研究

20世纪80年代,反思性教学的理论与实践在西方发达国家兴起。反思性教学因具有将“学会教学”与“学会学习”结合起来的实践合理性而迅速传播到世界各国,成为一股强劲的教学思潮。目前,“反思”成为全世界教师教育领域广泛流行的时代性语言,成为凝聚着教育改革力量的标志和口号。我国教育界尤其是高等教育界也紧跟世界教师教育的步伐,对反思性教学展开探讨,以“反思”为导向的教育教学改革也正处于如火如荼的发展和形成之中。本章主要通过对内涵、实施方法、形式以及策略方面的分析来研究高校教师的反思性教学。

第一节　反思性教学的内涵

一、反思性教学的概念

“对于任何信念或假设性知识,按其所依据的基础和进一步结论而进行的主动的、持续的和周密的思考”[①],这是杜威对“反思”的界定。在教育领域,反思指的是教师对自己的行为以及由

① [美]约翰·杜威. 我们怎样思维[M]. 姜文闵,译. 北京:人民教育出版社,2005:1.

此产生的结果进行剖析、解读的过程，其本质是一种理论和实践之间的沟通，它反映了一个人对其身心状况的认知。

而反思性教学，是指教学主体借助行动研究不断探索与解决自身和教学目的以及教学工具等方面的问题，将“学会教学”与“学会学习”结合起来，努力提升教学实践的合理性，使自己成为学者型教师的过程。在反思性教学这个复杂的过程中，教师既要感知教学情境，又要反思自身的认知过程。

二、反思性教学的特点

反思性教学主要具有以下特点。

（一）真实性

反思性教学立足于教师的真实性。在反思性教学中，教师要从自己的教育实践出发，从校园生活出发，从真实教育事实出发，进行一种事实性、情境性和过程性的研究，用敏锐的眼光去探索自己的教育教学实践或者某一偶发事件这些外显行为本身，以及行为背后的观念或价值，从而促使教师本人快速成长。

（二）合理性

教师从进入教育这一行业开始，就应该思考关于教育实践、教学等方面的问题，仔细思考诸如学生所需要的教学是什么样子的，自己作为一名教师，应该如何教学，从什么方面去努力让自己成为一名好教师，在教学实践中，如何判定自己的教学实践是否合理等问题。

教师进行反思性教学，就是为了追求教学实践的合理性，也就是改进教学，往更合理的教学实践方向努力。反思在本质上是教学与师范教育的好的和合理的方面。教师在教前和教后要不断反思自己为什么教、怎样教，反思学生为什么学、怎样学，反思自己有没有具备一个好教师应该具备的品格、素养和能力，反思自己有没有实现教学目标，这样就能促使教学更加合理、有效和高效。

(三)学习性

学习性是反思性教学的特点之一。反思性教学强调“学会教学”和“学会学习”。

“学会教学”是指教师要通过反思性教学来不断审视自己在教学中存在的错误或不成熟的做法，以不断完善自己的教学实践，提高自己的教学水平和能力。

“学会学习”包含两个方面的含义：第一是教会学生学习，第二是教师学会学习。教师这一职业是需要从业者终身学习的职业，因为社会在不断发展进步，学生的需求和知识的更新也随之不断提升。教师只有学会学习，不断提高自己的知识水平，才能教会学生学习，也才能促进学生学习。

(四)道德性

倡导反思，是增强教师责任感的有效途径之一。要提高教学质量，增强教师的道德感似乎比进一步提高教师的教学技能与能力更为重要。而缺乏道德感的教师，除非因教学上的失误迫于外界压力，否则不会自觉反思自己的教学行为。

(五)探索性

在进行反思性教学时，教师并不是以专业研究者的身份，而是以教师的职业角色和身份来对教师行动意义进行探索，其动力来自于对高效、优质教学的追求，强调在教学中反思，通过教学来反思。

(六)连接性

对于教师来说，反思是一种思考、反省和探索，其目的是改进自己的教育行为和教育实践，这种从实践到理论的研究，要以学习间接经验为基础，通过对问题的不断分析和解决，将普遍性的知识真正内化为自己的知识、经验和理论，从而提高自己的教学行为和教育实践。

提倡教师进行反思性教学，就是要将理论与实践连接起来，帮助教师将教育理论内化为自己的教学实践行为，从而在教育实践中获得良好的教学效果。

三、反思性教学的意义

反思性教学最大的意义就是提高了教师的专业素养和水平，主要表现在以下几方面。

（一）拓宽了教师专业知识的新领域

对于教师而言，反思性教学为教师在专业教学活动中发展自己的知识体系和专业技能形成了新内涵和新标准，开辟了一个崭新的领域。反思性教学的兴起是认识论和方法论的转变和转型。西方教育研究方法论的发展为教师在专业教学活动中形成自己的知识体系和专业技能提供了支持。这种体系和技能根植于人类生活和教育实践的智慧，是一种融理性与直觉、科学与艺术、价值与事实、目的与手段等为一体的新的知识和技能体系，是专业实践者所拥有的知能体系。

（二）创造性地建构自己的实践知识

通过教学反思，教师可以创造性地建构自己的实践知识。随着认知心理学在教师研究中的应用，人们已发现实践性知识在促使教学成功上起着举足轻重的作用。因而，实践性知识和相应的学科知识以及教育学、心理学知识都是教师必备的。但实践性知识具有不可传递性，不能通过别人的讲解而获得，只能通过教师对经验的不断反思与体悟得到确认和积累。

（三）促进了教师的终身专业发展

真正的反思性教学使反思与探究不仅成为教学的新理念，而且成为教师的专业存在方式。教师是专业人员、是发展中的个体、是研究者，这是反思性教学所倡导的教学观。反思性教师的培养即立足于这一教学观，要求教师将教学视为一项专业性的工作，在从事这项工作时要不断学习和探索，将职前教育、入职教育和职后教育有机结合，促进教师专业水准的不断提高，实现教师教育一体化和教师的终身专业发展。

教学反思能够帮助教师审视自己的教学伦理、价值观以及教学经验，能够帮助教师树立科学的教学理念，改进教师的教学实践，从而促进教师的终身专业发展。

（四）开辟了提升教学质量的新途径

经验型教学侧重按教学实践中业已形成的教学惯例办事，操作性教学注重把权威性的教学理论运用于自身的教学实践中，二者都有可取之处，但是在良好的教学过程中，它们很可能只是教学整体过程的一个必要的环节或层次，如果将它们视为教学的全部，就很容易出现问题，如经验型教学使教师容易满足于以往的教学经验，固守某些在特定条件下形成的结论，机械地按决策行事；操作型教学极易忽视各种教学情境的独特性，从而影响解决问题的有效性，等等。反思性教学的特征是突出教学的情境性、过程性、评价性和反馈矫正性，这对教育教学改革来说无疑是一种新的思路。

（五）加深了教师培训的学理探讨

反思性教学对教师培训的目标、内容和手段方面提出了新的要求，这种对教师培训的不断创新和突破的学理探讨有利于推动教师培训微观层面的改革。

教师知识研究表明，注重学科知识和教育学、心理学知识的传统的师资培训对教师实践知识的获得无益，对于专业娴熟的教师专业成长的帮助有限。而积极的教学反思则可以弥补常规师资培训的缺陷，使教师通过反思练习发展专业自信与相应的专业能力，成为善于思考的专业人员。

四、反思性教学的类型

反思性教学的复杂性决定了反思性教学类型的多样性，以不同的标准为依据，反思性教学可以划分为不同的类别。

（一）根据反思性教学的性质分类

根据反思性教学的性质，可将其分为以下几类。

1. 技术性反思

技术性反思包含两层含义，具体如下。

第一，反思内容受限，即只关注一个狭小的领域——教学技术或技能。反思的内容一般会选择在较为狭隘的、事先确定好边界的问题范围内。

第二，反思质量的判断依据主要包括两个方面，一是教师对研究成果方面的知识的掌握程度，二是教师使自己的教学实施与研究相一致的能力。在这类反思中，外在的权威会事先确定好如何教学的结论，教师所要做的仅仅是如何让自己的教学行为更符合外在研究的结论。

2. 对行动的反思

对行动的反思也包括两层含义。

第一，教师完成教学之后，开始对自己已经做出的教学行为进行回溯性反思。

第二，教师反思自己在教学过程中做出的一些即兴的、直觉的决策。

3. 深思熟虑的反思

深思熟虑的反思强调的是以多样化的知识资源作为教师决策的基础，这些资源包括研究、经验、其他教师的建议、个人的信念和价值观等。这一类型的反思，其质量高低取决于教师权衡各种观点的能力，取决于教师对所作决策给出充分缘由的能力。

4. 批判性反思

批判性反思的目标是要努力提高处境不利群体的生活质量，它不仅强调“质疑”和“批判”，还强调“社会行动”。这类反思的效果取决于教师将一定的道德标准运用于学校教育的目标和过程的能力，学生将被鼓励去检验那些与广泛的社会目标相联系的哪怕是最简单的教学行为。

（二）根据反思性教学的层次分类

根据层次分类，反思性教学可以分为三个类型，具体如下。

1. 基础层次的反思

基础层次的反思主要是反思课堂情境中各种教学技能与技术的有效性。它的反思主体一般是缺少实践经验的新手教师，他们所把握的都是表面的、抽象的陈述性知识，在程序性知识的储备方面还比较欠缺。

2. 提高层次的反思

这类反思主要是对课堂实践基础的假说和特定的策略以及课程结果进行的反思。这一层次上的教师已经拥有较为丰富的程序性知识，掌握了基本的教学技能，并能熟练地在熟悉的教学环境中运用。但是，这一层次上的教师教学经验存在一定的闭锁性，教学设计无法超越教材，灵活运用各种教学策略的条件性知识不足。

3. 体验层次的反思

体验层次的反思主要针对情感认知中的道德的、伦理的以及其他直接或间接的与教育、教学有关的规范性标准。在这个层次上的教师，在实践中积累了丰富的教学经验，对教材的处理有独到的见解，尊重学生差异，不仅能对自身的教学经验、教学策略进行反思，而且能形成自身的教学风格。

（三）根据反思性教学的主体分类

根据反思性教学的主体，可将其分为自我反思和群体反思两大类。

1. 自我反思

把自我作为意识对象的反思就是自我反思，即教师对教与学的活动进行自我监控和调节，做出判断，自觉地观察自己的教学行为、教学观念、教学水平和教学效果，进行批判的思考，不断调整自己的教学行为。自我反思是实施反思性教学的基础和原驱动力。

自我反思的路径主要有三个：一是纵向反思，就是同类型的课，后期与前期纵向反思；二是横向反思，就是同一内容的课，与同行或专家的课横向比较反思；三是“现实”与“教学设计理想”反思。

2. 群体反思

群体反思是指在同伴或者群体中进行的反思。在合作的环境中进行反思，往往会产生更好的学习效果。同事之间通过相互批判地观察教学行为的外在表现及所隐含的内在的教育信念，相互交流对教学的理解，可以实现相互促进、共同提高。

（四）根据反思性教学的方法分类

根据方法分类，可将反思性教学分为以下四个类型。

1. 实践性反思

实践性反思的主要方法是行动研究。行动研究是对课堂教学的探讨,是对教师自己的教学行为进行研究。

2. 叙事性反思

叙事性反思包括记教学日志和利用案例两种方法。其中,记教学日志主要是记录课堂教学的点滴经验或困惑。

3. 合作性反思

教师自己独立反思,有时会模糊不清,尤其是新教师缺乏教学实践积淀,很有可能产生"模糊"的反思现象,这时最好寻求同行协助,求得更完整的反思。合作性反思主要包括教学观摩、教学辅导和合作教学三种方法。

4. 资源性反思

资源性反思主要包括观看教学录像和利用教学档案袋等方法。观看自己的教学录像可以使教师站在客观的角度考察自己的教学实践,它不仅能反映自己教学的不足,也能把很多自己并未注意到的教学细节呈现出来。

五、反思性教学的流程

在反思性教学这一过程中,教师从发现问题开始到分析问题、解决问题结束,如此循环往复,教师的素质得以持续发展,从经验型教师逐步发展成学者型教师。具体来说,反思性教学的流程就是发现问题→分析问题→理论假设→实践验证。

(一)发现问题

发现教学中存在的问题,是教学反思的起点。教学问题的类型很多，有的来源于教育教学改革中出现的两难问题，有的来源于自己教学实践中的困惑，还有的来源于自己想改变现状的愿望。

在这一阶段，可以采用的方法主要有以下五种。

第一，叙事法。参与教师（指参与反思性教学的教师，下同）向别人讲述自己教学的故事，在讲故事过程中发现自己教学的问题或请别人发现自己的问题。

第二，讨论法。对教学中普遍存在的问题达成共识。

第三，观察法。观察实况，发现教学中需要改进之处。

第四，文献检索法。从学生作业、教学计划、教学理论文章等发现问题。

第五，微型教学法。观看自己教学的录像，在专家或他人的帮助下发现自己的不足。

（二）分析问题

教师在发现问题之后，就要对问题进行仔细分析。要注意，在分析问题之前，要进一步明确问题，确认所发现的问题是真问题而不是假问题，是理性问题而不是感性问题。如果是针对大部分学生，那么一定要选择普遍问题；如果是针对个别学生，则要选择个别问题，这与教师反思性教学的目的相关。

明确了问题之后，通过哪种手段来解决问题才能达到教学效果，实现学生和教师的共同发展，是值得教师深思的问题。教师在选择手段方面，有一种方法是先设想若干促使问题由初始化态向目标状态转化的手段，再比较择优，这是比较有效的方法，这种方法被称为“搜索树”。

（三）理论假设

教师在分析了教学中存在的问题之后，必须要对自己教学活动的思想依据再次进行审视，确保思想依据没有问题，然后积极主动地吸收新的信息，寻找解决问题的策略。

以上述行为为基础，教师要提出新的理论假设，这一假设可以从三个方面来进行：一是自我假设，也就是教师自己提出解决问题的方法，请反思性教学小组的其他成员来判断自己提出的方法是否科学有效；二是同行假设，也就是教师在较大的范围内来征求同行的意见，并据此确定教学手段；三是专家假设，也就是组织相关专家通过头脑风暴法等方式随意提出解决问题的设想举措。

提出理论假设之后，教师要根据最后的假设制订新的实施方案，以解决所面临的问题。

（四）实践验证

在这一阶段，教师需将以上提出的假设和新的教学方案付诸实践，按教学计划要求观察教学过程，收集证实或证伪假说的材料，根据实践的结果验证假设和新的教学方案的合理性。教师得出初步结论之后，需要撰写反思性日记或论文、实验报告等。

在检验过程中，会遇到新的具体经验，或重复实践验证假设，或修改假设，或发现新的问题，形成新的假设，当这种行动能够被观察分析时，教师就开始了新一轮的反思循环。

第二节　反思性教学的实施方法与形式

一、反思性教学的实施方法

任何一种理念只有落到操作层次，才具有实践意义。同样，当教师掌握一些反思的方法后，可以使自己在教学之后有序地进行反思，从而对自身行为产生指导意义。

一般来说，反思性教学的实施方法主要有以下几种。

(一)行动研究法

所谓行动研究法,就是以教学实践中某个难以解决的问题为对象,通过观察、测验、谈话、查阅文献以及调查问卷等多种手段来对问题产生的原因进行详细系统的分析,然后设计出一个解决方案,最终解决问题。这一方法的最终目的就是实现教育教学活动的改进。

行动研究法主要有四个步骤。

第一,教师要以自己或他人的经验教训为基础来确定自己所要研究的问题。

第二,在确定问题之后,教师要广泛搜集相关资料,并以此为基础进行假设,制订解决问题的方案。

第三,根据方案开展研究活动,然后根据研究的实际情况,对之前制订的方案进行适度调整。

第四,搜集研究信息,撰写研究报告。

(二)对话反思法

对话反思法指教师通过与他人的交流对话来反思自己的教学观念与教学行为的一种方式,交流的对象可以是其他教师、学科教研员、专家、学生等。通过与他人的交流可以帮助教师分析自己的教学行为及其背后的观念是什么,以及这些行为和观念是否合理。教师之间的交流更多的是分享大家的经验与成功,在此过程中,交流双方都有可能突破原有的体验与理解的局限性,获取新的意义,使自己的反思达到一种新的境界。教师与教研员、专家型教师、理论专家交流的目的更多的是发现自己反思的盲点。教师与学生之间交流的目的主要是获取学生对教师教学的反馈信息,通过学生的眼睛认识自己教学上的优点和不足,并及时发现学生学习中存在的问题及其真实想法。

总之,进行有效的讨论需要教师做有心人,做负责的人,做善于思考和批判的人。参与讨论的教师要以批判的眼光审视自己和他人的教学,进行质疑性的讨论和对话,通过集体智慧的分享从整体上提高教师的教学水平。

(三)追因法

教师的反思离不开教育实践,正是在教育实践中对教育世界的不断追问,对所怀抱理想的不断思考,对所从事教育意义的不断追寻,才有了教师的成长。追因法是先见结果,然后根据发现的结果去追究其发生的原因。

追因研究的实施可以分下面几个步骤。

第一步,确定结果和研究的问题。

第二步,假设导致这一结果的可能原因,这些原因最初是假设的,还没有经过验证。

第三步,设置研究对象,追寻导致结果的原因。

第四步,查阅有关资料进行对比。

第五步,检验。最好的检验办法是看有同样原因存在的其他事例中是否有同样的结果发生。如果没有的话,这个假定仍然不能成立。经过初步检验,就可能把那些假的原因淘汰,而导致此项结果的某个或某几个真正的原因就可以呈现出来。

(四)换位反思法

人的认识受自我经历的局限,难免会产生偏差,有时甚至看不出问题所在。这时,教师应换位思考,这有利于形成融洽、和谐、民主、平等的学习氛围和形成独特的教学风格。

(五)成长袋法

成长袋法是以建立专题性档案袋的形式促进教师的不断反思,从而提高教师反思能力的一种方法。在运用这种方法时,首先要根据自己的教学实际确定反思的专题,并进行分类,如创新教育类、转化差生类、课程开发类等。然后在每个专题下,由教师本人通过回忆与反思,记录下自己在教学观念、教学行为等方面的变化以及自己尚需努力之处。

（六）对比反思法

有比较才有鉴别。作为教师，应善于向别人学习，要经常听骨干教师、名师的课，并以此为镜子来对照自己的教学，反思自己的教学行为，做到取长补短，不断充实自己，提高自己的业务水平。

（七）评议反思法

对于青年教师而言，能够虚心听取同行、专家的点评和建议，并据此指导、调整自己的教学设计，选择合适的教学方法，调控整个课堂教学过程，是教学效果提升的一种真真切切的助推力。评议反思法就是这样一种通过评议互动、相互交流、共同探讨来推动教师反思的教学方法，这种方法有助于教师与同行、专家之间进行深度的反思分析和交流，从而认清自我，学习他人，取长补短。

（八）录像反思法

对教学过程进行录像，通过录像再现教学过程，教师以旁观者的身份来观看自己或他人的教学过程，对出现的问题进行反思纠正，这就是录像反思法。

这种方法的优点在于“旁观者清”，教师通过观看录像，比较教学实践与预想的教学设计的差距，对其进行反思评价，根据评价内容进一步修改完善原先的教学设计，写出反思性总结。

（九）文献检索法

教师要从学生作业、试卷中，寻找教学得失，也要从教学杂志、报刊网站中学习新的教学理念，发现自己的教学问题，不断反思提高自己的教学理论与实践水平。

二、反思性教学的形式

反思的形式是多种多样的，因其情况不同，可以归纳为以下几种。

（一）课后备课

备课是一项教学常规工作，写教学随笔是备课的一个重要环节，俗称课后备课。如果说备课是一门艺术，那么写教学随笔就是一门科学，其意义十分重大。教学随笔是教师对课堂教学现象的反思、研究和小结。教学结束后，教师记录下教师教学中的得失、感想和体会等反馈信息，有助于进一步修改和完善教案，进一步明确课堂教学改进的方向和措施，同时使有益的经验及时得到提炼和升华，不断增强教育效果。

课后备课可以从教学目标的科学性、教学内容的有序性、教学结构的整体性、教学方法的适切性、媒体运用的合理性、学生参与的积极性、反馈矫正的及时性和教学管理的有效性入手，主要包括以下五个方面。

第一，成功点，主要是指课堂教学中的闪光点。

第二，失败点，主要是指课堂教学中的砸锅点。

第三，改进点，主要是指课堂教学中经过微调可以追求更高效益的那些点。

第四，遗漏点，主要是指课堂教学设计中遗漏的一些环节或知识点。

第五，补救点，主要是指课堂教学中教师讲解知识的谬误之处和学生反馈的差错处。

（二）反思日记

记日记是一种很好的反思方法。教师在结束了一天的教育教学工作之后，可以对自己当天的教学行为进行记录，写成日记，并在日记中写下自己的感悟、教育教学中存在的问题,以及学生的反馈等,以便总结经验教训,对存在的问题进行反思,然后制订出合理的解决方案。

反思日记是教师教学反思结果的一种呈现方式。反思日记主要有案例式、主题式、随笔式、教学过程式这几种。

案例式反思日记是围绕某一话题或某一主题所展开的反思,可以是某一事件引发的思考,这一“事件”通常是教学过程中的偶发事件,或者是与专家对话过程中专家的某一观点等。

主题式反思日记是就某一主题进行的深入思考,一般会包含教师对某一主题的较长时间的思考和实践,可能会包含教师教育观念的变化、教育教学实践能力的提升。

随笔式反思日记就是教师借助随笔记录自己的所思所想与所感,没有格式的限制。

教学过程式反思日记是对整个教学过程的描述与分析,既包括教学设计时的思考,也包括教学结束后“回过头”来的进一步认识。

(三)课堂观摩

课堂观摩也是反思性教学的主要形式之一。教师可以观摩本校或者外校教师的教学情况,并和其他教师就教学的相关问题进行讨论分析,制订出大家都认可的最佳解决方案,将其应用到教学实践中。

(四)案例研究

案例是含有问题式疑难情境在内的真实发生的典型事件,这些事件反映了典型的教学思考力水平及其保持、下降或达成等现象。案例是教育问题解决的源泉,是教师教学行为提升的阶梯。通过案例学习,可以促使每个教师研究自己,分享别人成长的经验,积累反思素材,在实践中自觉调整教与学的行为,提高课堂教学的效能。所以案例研究是教师专业成长的阶梯。

在案例研究中，教师首先要了解当前教育的大背景，在此基础上，通过学习、观察、调研、收集典型的案例，然后运用新的教育理念对案例做多角度、全方位的解读和思考。久而久之，教师就会成为一位思想活跃的教育教学改革的探索者。

（五）教学后记

教师在教学结束后，要对教育教学过程的设计和实施进行全面地回顾和小结，将经验和教训记录在教案后，教学后记会成为反思的一种基础和雏形，教学后记会成为教师今后系统化反思的依据。

（六）课堂教学全息评价

课堂教学全息评价是指运用听课记录、录音、录像等手段从课堂教学时间分配、教师提问分析、探究性学习分析、学生回答分析、教师访谈、学生访谈、作业分析和课后测试等方面对课堂教学进行全面的分析评价，从中找出课堂教学的成功与失败之处，教师进行案例分析或反思，负责人写出课堂教学评价分析报告，这样更有利于教师以后把握准教学的方向。

第三节　反思性教学的有效策略

一、剖析典型，样板指引

榜样的力量是无穷的。中国教育领域中涌现出了一批卓有成效的教育家，他们的成长过程表现了自我反思的价值和意义，展现了一个专家型教师的理论素养和实践智慧，可以构成经验型教师的思想库。对这些典型的剖析可以为教师提供一个个活生生的教育教学思想和方法的模型，引领教师以开放的姿态将他人的成功与自我经验进行合理嫁接，从而产生良好的效果。

二、开展"学情"调查

"学情"调查主要包括两个方面的调查，一是教师的调查，二是教育管理者的调查。

（一）教师的调查

教师的调查主要包括以下几方面。

第一，调查所教班级的学生人数、健康状况、思想状况。

第二，调查学生整体开设课程与自己所授课程的联系。

第三，调查学生对自己所授课程的满意程度以及改进教学的建议。

第四，调查理论课时与实践课时的学期安排，以便及时调整教学进度。

（二）教育管理者的调查

教育管理者要调查教学工作流程、工作效率、领导举措等，反思学校的人际关系是否紧张，以及学校信誉度、校园文化建设等方面的建设是否科学，以不断提高对所从事的教育实践的理性认识。

三、积极参加教学改革

首先，教师可以通过上公开课、接受继续教育等方式来不断更新、完善自己的教学观念。

其次，对于自己反思而不得其解的问题可以征求大家的意见。在教学过程中，那些使自己感到困惑甚至棘手的问题，往往在有经验的教师那里会得到满意的答案和适当的解决办法。

最后，充分利用参加短期培训、教改研讨会以及到其他学校参观学习等各种渠道学习他人的长处，取长补短。

四、系统的理论学习

系统的理论学习是反思意识觉醒、能力增强的保证。对教育教学真谛的理解和把握需要教育教学外在价值标准的内化，这是新观念确立的标志。只有将实践中反映出来的问题上升到理论层面加以剖析，才能探寻到根源，使主体的合理性水平得到提升和拓展。实践的超越性很大程度上依赖于理论对现实的反思精神，当理论失去了它的指导性之后，那些表面上看来是联系实际的做法在本质上很可能背离了实践的要求，因此，教师要注重对教学基本理论的学习和掌握。

五、选择合适的课堂教学模式

教师在进行反思性教学时，要选择合适的课堂教学模式，而课堂教学模式的选择要以教学目标为依据。教师要将各种教学模式的优缺点了然于心，然后根据教学内容和学生的实际情况合理运用各种教学模式，同时要不拘泥于模式，使学生通过模式掌握学习的规律获得新的技能。

六、从学生眼中看自己

从学生眼中看自己，是借评教的对象进行反思，可以以调查问卷的形式，通过学生的问卷反思教学方法是否得当、教学内容是否适合、教学活动是否科学、教学进程节奏是否适宜、教学质量是否存在问题等。通过反馈，教师可调整自己的教学，进行理智的思考，研究改进。

学生作为主体参与教学活动，对教师教学行为的评价是最真实和最有价值的。每当我们从学生眼中看自己时，总能了解一些事情，获得一些启发。

首先，在教学过程中，教师不仅要以同化的眼光看待学生在学习过程中对于知识、理论的各种观点和见解，更应该以一种顺应的态度学习和接受不同的意见和看法，反思和检查自己教学行为的不足，生成顿悟、直觉、灵感、智慧、想象等多元开放的思维，以改善未来的行为。

其次，观察学生在课堂上的学习行为。课堂中学生的学习行为包括注意、参与、交往、思维、情绪等。教师要注意观察学生是否全神贯注，目光是否追随教师或发言者；是否全程参与学习；学生之间在学习过程中是否有友好的合作，课堂教学气氛是否民主、和谐；观察学生的微表情，感受他们在课堂上的活力；观察学生思维的敏捷性，等等。

最后，使用“批判事件调查表”，让学生以主体身份每周反馈意见和建议。批判事件调查表包括“最吸引人的时刻”“最淡漠的时刻”“最恰当的行动”“最困惑的行动”“什么最令你惊奇”五方面描述。教师汇总学生的描述后，应及时作出对“批判事件”的回答，回答的内容即是教师反思后的结果。这有助于教师了解学生的观点、反应和情感，及早地发现课程中需要解决的问题；同时还可以鼓励学生成为反思型学习者，不断对自己的学习进行诊断、反思和改善。

七、自我问责

自我问责也是反思性教学的策略之一。教师要通过自我问责来实现反思性教学，筛选并淘汰不良的行为习惯，从而成长成熟。

对于教师而言，要实现教育目标，完成整个教学任务，就要做好两个方面。首先，教师要能够深刻理解教育教学的本质，还要有一个科学的理性态度和方法。其次，教师要不断提高自己的素质。

要做好这两方面，教师要不断考察审视自己的行为习惯，检讨自己的言行，对于好的习惯要保持，不好的习惯则改正。此外，教师还要不断拷问自己，在教学过程中是否表现出了耐心、公正、亲切、豁达，是否有敏锐的判断力和丰富的想象力，等等。

参考文献

[1]徐雄伟.上海市民办高校教师专业发展研究[M].上海：上海交通大学出版社，2017.

[2]张宁.高校教师专业发展论[M].长春：吉林大学出版社，2012.

[3]任英杰.知识管理视阈下的教师专业发展[M].沈阳：东北大学出版社，2009.

[4]赵昌木.教师专业发展[M].济南：山东人民出版社，2011.

[5]郭平，熊艳.教师专业发展概论[M].成都：西南交通大学出版社，2017.

[6]王瑛.高校外语教师专业领导力研究[M].北京：外语教学与研究出版社，2012.

[7]胡惠闵，王建军.教师专业发展[M].上海：华东师范大学出版社，2014.

[8]赵多山.教师专业素养的修炼[M].北京：光明日报出版社，2015.

[9]王德清.教学艺术论[M].成都：四川大学出版社，2010.

[10]王彦才，郭翠菊.现代教师教学技能[M].北京：北京师范大学出版社，2010.

[11]李朝辉.教学论(第2版)[M].北京：清华大学出版社，2016.

[12]子晨.陪女孩走过青春叛逆期：10—16岁孩子家长会[M].北京：北京理工大学出版社，2016.

[13]玲珑.构建理想的课堂教学[M].沈阳：万卷出版公司，2014.

[14]王国勇.教育的社会学研究：基于教育社会学的理论视

角[M].北京:光明日报出版社,2015.

[15]王小明.教学论:心理学取向[M].上海:上海教育出版社,2005.

[16]陈月茹.课堂教学组织与管理[M].济南:山东人民出版社,2010.

[17]王嘉毅.课程与教学设计[M].北京:高等教育出版社,2007.

[18]秦赟.把上课当做一门艺术[M].长春:吉林出版集团有限责任公司,2012.

[19]郑金洲.教学方法应用指导[M].上海:华东师范大学出版社,2006.

[20]苏晓青.教育口语[M].武汉:武汉大学出版社,2010.

[21]张洁.教师口语训练教程[M].上海:华东师范大学出版社,2013.

[22]毕晓白,杨梅玲.大学课堂教学技能[M].北京:清华大学出版社,2015.

[23]张华,等.教师口语新编[M].北京:中国社会科学出版社,2015.

[24]马芝兰,张金发.教师口语[M].沈阳:东北大学出版社,2013.

[25]茅海燕.教师语言[M].南京:南京大学出版社,2014.

[26]孙和平,等.教师口语实训教程[M].武汉:武汉大学出版社,2012.

[27]田园曲,辛逸乐.主持人语音与艺术发声教程[M].北京:清华大学出版社,2015.

[28]陈国安,等.新编教师口语——表达与训练[M].上海:华东师范大学出版社,2006.

[29]李元授.演讲与口才(第3版)[M].武汉:华中科技大学出版社,2014.

[30]段玉佳,曾慧.普通话与口才实务[M].北京:机械工业

出版社,2012.

[31]范牡丹.现代课堂教学艺术[M].杨凌:西北农林科技大学出版社,2014.

[32]周成平.我们需要怎样的课堂[M].南京:南京大学出版社,2013.

[33]鲁宏飞.课堂教学艺术研究[M].长春:吉林大学出版社,2013.

[34]孙菊如,等.课堂教学艺术[M].北京:北京大学出版社,2006.

[35]兰青.中国传统音乐概论:戏曲与说唱音乐[M].沈阳:东北大学出版社,2014.

[36]李政涛.表演:解读教育活动的新视角[M].北京:教育科学出版社,2006.

[37]宋敬敬.高校教学方法研究与改革实践[M].长春:吉林大学出版社,2015.

[38]王章豹.高等学校教师教学科研方法(第2版)[M].合肥:合肥工业大学出版社,2009.

[39]赵建丰,刘春梅,申金霞.高等教育政策研究[M].郑州:河南大学出版社,2003.

[40]孙希波.黑龙江省高等教育与经济协调发展研究[M].哈尔滨:黑龙江人民出版社,2008.

[41]李德伟,陈有禄.东西方现代化发展比较:国际学术研讨会论文集[M].北京:中国经济出版社,2006.

[42]刘静.新课程理念的现实落脚点:“自学、释疑、达标”课堂教学模式[M].福州:福建教育出版社,2014.

[43]孟祥萍.追寻智慧:思想政治课智慧教学探索与实践[M].上海:复旦大学出版社,2014.

[44]孙显元.高等学校教师教学科研方法[M].合肥:合肥工业大学出版社,2005.

[45]吴秋凤,徐建华,杨敏杰.当代高等教育学[M].哈尔滨:

黑龙江教育出版社,2007.

[46]吴杰.教学论:教学理论的历史发展[M].长春:吉林教育出版社,1986.

[47]唐文中.教学论[M].哈尔滨:黑龙江教育出版社,1990.

[48]彭永渭.教学论新编[M].沈阳:辽宁教育出版社,1986.

[49]田慧生,李如密.教学论[M].石家庄:河北教育出版社,1996.

[50]李秉德,李定仁.教学论[M].北京:人民教育出版社,2003.

[51]李西营,等.教育心理学[M].北京:北京师范大学出版社,2015.

[52]司晓宏.中学教育基础[M].西安:陕西师范大学出版社,2017.

[53]尚金鹏.教育心理学[M].郑州:郑州大学出版社,2014.

[54]张大均.教育心理学[M].北京:人民教育出版社,2005.

[55]李东斌,刘经兰.教育心理学[M].南昌:江西高校出版社,2011.

[56]谭丹英.中学数学教学技能训练教程[M].昆明:云南大学出版社,2015.

[57]玲珑.教师如何做好课堂教学设计[M].沈阳:万卷出版公司,2014.

[58]王小明.教育心理学[M].北京:北京大学出版社,2016.

[59]孙德玉,吴支奎.课程改革与课堂教学[M].合肥:安徽教育出版社,2007.

[60]马兰,张文杰.教学设计[M].北京:高等教育出版社,2012.

[61]代蕊华.课堂设计与教学策略[M].北京:北京师范大学出版社,2006.

[62]黄培蓉.美术微格教学[M].厦门:厦门大学出版社,2015.

[63]王保艳,燕艳.生物学科知识与教学能力[M].济南:山东人民出版社,2016.

[64]盛群力.教学设计[M].北京:高等教育出版社,2005.

[65]张晓峰,李英丽.教师备课的艺术[M].合肥:安徽人民出版社,2012.

[66]吴永军.备课新思维[M].北京:教育科学出版社,2004.

[67]韩美荣,常华锋.教师教学基本技能训练指导[M].北京:首都师范大学出版社,2017.

[68]周勇,赵宪宇.说课、听课与评课[M].北京:教育科学出版社,2011.

[69]邵清艳.教师反思力修炼[M].长春:东北师范大学出版社,2010.

[70]于胜刚.教师专业发展导论[M].北京:北京大学出版社,2015.

[71]李如密,等.课堂教学艺术新论[M].福州:福建教育出版社,2014.

[72]杨鸿.如何提高课堂教学技能[M].北京:国防科技大学出版社,2001.

[73]李俊,高青兰,吴晓燕.中学思想政治教学实践与反思[M].成都:西南交通大学出版社,2014.

[74]康青.管理与沟通[M].北京:中国人民大学出版社,2006.

[75]周险峰.教育基本问题研究:回顾与反思[M].武汉:华中科技大学出版社,2016.

[76]顾朝林,等.城市社会学(第2版)[M].北京:清华大学出版社,2013.

[77]赵彦俊.职前教师实践性知识生成研究:以"顶岗支教"为研究个案[M].北京:中央编译出版社,2010.

[78]邢文利.高校课堂教学的理论与实践[M].北京:中国文史出版社,2015.

[79]陈性元,汪年春.探索与创新:电子技术学院本科教育教学改革和教学管理研究论文集(2010)[M].武汉:武汉大学出版社,2010.

[80]邢新影.大学英语口语教学理论与实践[M].长春:吉林

出版集团有限责任公司,2009.

[81]周劼. 口语表达能力训练[M]. 重庆:重庆大学出版社,2010.

[82]吴高臣. 大学教学创新研究[M]. 北京:首都师范大学出版社,2016.

[83]韩延明. 高等教育学新论[M]. 济南:山东人民出版社,2012.

[84]颜敏. 学海师说:本科教学研究专论[M]. 广州:暨南大学出版社,2016.

[85]张绪儒. 教育智慧的实践与探索[M]. 济南:山东大学出版社,2015.

[86][美]约翰·杜威. 我们怎样思维[M]. 姜文闵,译. 北京:人民教育出版社,2005.

[87][美]约翰·杜威. 杜威教育论著选[M]. 赵祥麟,王承绪,译. 上海:华东师范大学出版社,1981.

[88][南斯拉夫]弗·鲍良克. 教学论[M]. 叶澜,译. 福州:福建人民出版社,1984.

[89][苏联]斯卡特金. 中学教学论[M]. 赵维贤,译. 北京:人民教育出版社,1985.

[90][苏联]姆·阿·达尼洛夫,勃·朴·叶希波夫. 教学论[M]. 北京师范大学外语系,译. 北京:人民教育出版社,1973.

[91][苏联]巴拉诺夫,等. 教育学[M]. 李子卓,等译. 北京:人民教育出版社,1979.

[92] Leonard H. Clark, Irring S. Starr. Secondary School Teaching Methods[M]. Hants:MacMillan Publishing,1976.

[93]Edward L. Dejnozka, David E. Kapel. American Educator's Encyclopedia[M]. Westport: Greenwood Press,1982.

[94]John A. Laska. The Four Basic Methods of Instruction[J]. Educational Technology,1984(6).

[95]史金榜. 课堂教学倾听艺术[D]. 曲阜师范大学硕士论

文,2008.

[96]张海洋.集体备课对新教师成长的积极作用[J].体育科技文献通报,2018(10).

[97]崔杰.高校多媒体与板书的关系[J].教育教学论坛,2015(28).

[98]吴梅,张洁,杨竹雅.线索式教学法在中药鉴定学课堂教学中的应用[J].中国民族民间医药,2017(9).

[99]李茂森.大学课堂教学中倾听的缺失与回归[J].当代教育科学,2015(5).

[100]张荣华.论师范大学课堂教学之道[J].黑龙江高教研究,2012(9).